पालतू बोहेमियन

मनोहर श्याम जोशी

एक याद

पालतू बोहेमियन

मनोहर श्याम जोशी

एक याद

प्रभात रंजन

राजकमल प्रकाशन

ISBN : 978-93-88753-41-8

मूल्य : ₹395

पहला संस्करण : 2019

प्रकाशक : राजकमल प्रकाशन प्रा. लि.
1-बी, नेताजी सुभाष मार्ग, दरियागंज
नई दिल्ली-110 002

शाखाएँ : अशोक राजपथ, साइंस कॉलेज के सामने, पटना-800 006
पहली मंजिल, दरबारी बिल्डिंग, महात्मा गांधी मार्ग, इलाहाबाद-211 001
36 ए, शेक्सपियर सरणी, कोलकाता-700 017

वेबसाइट : www.rajkamalprakashan.com
ई-मेल : info@rajkamalprakashan.com

मुद्रक : यश प्रिंटोग्राफिक्स
नोएडा-201 301 (उत्तर प्रदेश)

PAALATU BOHEMIAN
Memoirs by Prabhat Ranjan

अनन्य आलोचक
पुरुषोत्तम अग्रवाल
और
प्रिय लेखक
आशुतोष भारद्वाज के लिए

क्रम

प्रस्तावना

हिन्दी में ऐसे लेखक अधिक नहीं हैं जिनकी रचनाएँ आम पाठकों और आलोचकों के बीच समान रूप से लोकप्रिय हों। ऐसे लेखक और भी कम हैं जिनके पैर किसी विचारधारा की बेड़ी से जकड़े न हों। मनोहर श्याम जोशी ऐसे ही अपवाद हैं जो एक साथ एक ही समय पारम्परिक और आधुनिक दुनिया में निवास करते अपने पाठकों का मनोरंजन और विचारोत्तेजन करते हैं। जितनी विधाओं में उन्होंने लेखन किया है, वह भी विस्मित करनेवाला ही लगता है। पत्रकारिता, संस्मरण, कहानी, उपन्यास के साथ-साथ उन्होंने कविताएँ भी लिखीं। धारावाहिक टीवी लेखन में उनका नाम अग्रगण्य है। जाहिर है कि ऐसे रचनाकार को अपने शोध का विषय बनाने के लिए हिन्दी के रिसर्च स्कॉलरों में खासी होड़ लगी रहे। भाई प्रभात रंजन ने न केवल जोशी जी के लेखन पर अपना शोधकार्य बखूबी पूरा किया बल्कि शोधकार्य के दौरान जोशी जी के साथ बिताए अपने संस्मरणों को पुस्तकाकार रूप में प्रकाशित कर एक और बड़ी जिम्मेदारी पूरी की है। इस तरह सुधी पाठकों के लिए यह पुस्तक एक महत्त्वपूर्ण लेखक और उसके समय को समझने में सहायक सिद्ध होगी, ऐसा विश्वास है।

प्रभात जी की यह पुस्तक अपने-आपमें सम्पूर्ण और बेहद पठनीय है। फिर भी इस प्रस्तावना के बहाने जोशी जी के साथ जुड़े अपने संस्मरणों को साझा करने से मैं अपने-आपको रोक नहीं पा रहा हूँ। अधिकांश यादें उस देशकाल की हैं जब प्रभात जी का परिचय जोशी जी से नहीं हुआ था।

मार्च के महीने के आखिरी दिन थे। मनोहर दा ने फोन कर बताया कि शाम को घर पर पहाड़ी होली की बैठक है, जरूर आना। थोड़ा अटपटा लगा इसलिए कि होली बीत चुकी थी और कोई हफ्ता-भर बाद होली की बैठक का तुक समझ में नहीं आया। जब यह पूछने का दुस्साहस किया तो जवाब मिला, 'यार, इससे पहले गाने वालों की टोली को फुर्सत ही नहीं थी। वैसे भी मिलने का बहाना है। बच्चे भी अपने बच्चों के साथ अमेरिका से आए हैं। अच्छा रहेगा।'

उन्हीं दिनों यह घोषणा हुई थी कि मनोहर श्याम जोशी को इस वर्ष के साहित्य अकादमी पुरस्कार से सम्मानित किया गया है, उनके नये उपन्यास 'क्याप' के लिए। फिर जश्न का मौका तो बनता ही था।

थोड़ा मजा लेने के मूड में मैंने छेड़ा, 'मनोहर दा, कहीं टू-इन-वन तो नहीं कर रहे हैं? लेकिन अवार्ड वाला जलसा अलग से ड्यू रहेगा।'

मनोहर दा ने हँसते हुए बताया, 'वह सब तो यार, प्रकाशक की जिम्मेदारी है।'

फिर हल्का इशारा किया कि आज शाम भी सिर्फ गुझिया ठंडाई वाली नहीं है। प्रकाशक महेश्वरी जी ने थोड़ा-बहुत बन्दोबस्त किया है, उस तरह का भी।

शाम साकेत पहुँचने में कुछ देर हो गई। मैं थोड़ा सकुचा रहा था यह सोचकर कि गाने-बजाने वाले मजमे में देर से पहुँचने वाले विघ्नकर्ताओं को शौकीन लोग न जाने किस नजर से देखते हैं!

संयोग से संगत देनेवाले साजिन्दे भी घर ढूँढ़ते भटक रहे थे और उनकी प्रतीक्षा में मनोहर दा के साथ वर्षों बाद एक-डेढ़ घंटा एकान्त में बिताने का सुखद मौका मिला।

कुछ देर बाद महफिल सजी तो देर रात तक चली। अन्त में फरमाइशी होलियों का फाइनल दौर चला।

उठने के पहले मनोहर दा ने कहा, 'यह पुष्पेश क्या कह रहा है? कौन-सी होली है, जाने पुराने जमाने की! इसने कहाँ सुन ली? यह तो हमारे वक्त की चीज है!'

पांडे जी ने अपने साथी से पूछा, 'शब्द तो याद हैं न?' उन्होंने 'हाँ' में सर हिलाया और जो मेरी पसन्द को काफी देर से अनसुना किया जा रहा था, आखिरकार मुझे सुनने को मिल ही गया, 'या रसिया से हारी, मारत आँखन में पिचकारी'।

मनोहर दा तब तक मूड में आ चुके थे और उन्होंने पहाड़ की होली की बैठकों की परम्परा में भाग लेना शुरू कर दिया।

बहुत तृप्त होकर मैंने घर की राह पकड़ी। मनोहर दा छोड़ने नीचे तक आए। तब बातों-बातों में मैंने कहा, 'एक और प्यारी होली रह गई, 'चल उड़ जा भँवर तो को मारेंगे' वाली।'

मनोहर दा ने कुछ सोचते हुए टिप्पणी की, 'पता नहीं, वह बैठक वाली होली की चीज है या घुमंतू खड़ी होली की! चलो, अगली बार देखेंगे।'

तब किसे पता था कि यह 'अगली बार' कभी आनेवाला नहीं! इस रसिक भँवरे ने दो-चार दिन में ही उड़ जाना था। हरेक की पहुँच से बाहर।

जब जोशी जी के देहांत का समाचार मिला तो बरबस होली की यह बैठक याद आई और इसके साथ ही बिजली की तरह वह चीज भी दिमाग में कौंध गई जब लगभग आधी सदी पहले मनोहर दा को देखा था। तब भी वह गा ही रहे थे—अल्मोड़ा से

मुक्तेश्वर पहुँचे अपने दोस्तों के साथ तरक्कीपसन्द तराने और कुमाउँनी लोकगीतों से माहौल को गुँजाते। चश्मा वह तब भी पहनते थे और होंठों पर एक संक्रामक मुस्कान तब भी खिलखिलाती रहती थी, जब त्यौरियाँ किंचित खीज, कौतूहल या हल्के गुस्से में ऊपर चढ़ी हों।

मोहन उप्रेती और ब्रजेन्द्र लाल शाह ने पारम्परिक लोक धुन पर एक मोहक गीत रचा था, 'बेड़ू पाको बारामासा हो नरैण काफल पाको चैता मेरी छैला'। मेरी छोटी बहन शैलजा को घर में 'शैला' कहकर पुकारा जाता था और जब भी मनोहर दा यह गीत गाते-गुनगुनाते, वह झूमने लगती। यह सोचकर कि खास उसी के लिए गाया जा रहा है। बाद में यह गीत एच.एम.वी. कम्पनी ने रेकॉर्ड के रूप में पेश किया जो खासा लोकप्रिय हुआ और आज तक वह पहाड़ का कौमी तराना समझा जाता है। इसी गाने की कुछ और पंक्तियाँ हैं, 'तेरा खूटा काना बूड़ो मेरा खूटा पीड़ा' (काँटा तेरे पैर में चुभा है और दर्द मुझे हो रहा है) तथा 'मेरो हिया भरी ऊछों जशो नैनीताला' (दुख से मेरा मन ऐसे लबालब भर जाता है, जैसे नैनीताल का ताल)। आज मनोहर दा को याद करते लगता है कि उनके लेखन और पहाड़ के साथ उनके रिश्ते का पूर्वराग यह गाना सुनाता है।

अजमेर में पैदा हुए जोशी जी की पढ़ाई राजस्थान और लखनऊ में हुई और रोजी-रोटी का संघर्ष भी मैदानों में ही—लखनऊ, दिल्ली, बम्बई और फिर दिल्ली—लड़ा गया। अपनी जीवन-संध्या में उनका अधिकांश समय अपने बच्चों के साथ अमेरिका में बीतता था। इस तरह से वह जीवन-भर प्रवासी ही रहे। मगर ऐसे प्रवासी, जिसका दिल हमेशा पहाड़ में ही बसा रहता था। उनका कथा-संसार पहाड़ से कभी भी दूर नहीं रहा। पहाड़ की व्यथा और पहाड़ के बदलने के दर्द को वह बड़ी गहराई से महसूस करते थे। एक बार 'दादा' पी.सी. जोशी जूनियर के साथ उनकी एक गर्मागर्म बहस भी छिड़ी थी—आंचलिकता, पहाड़ी सांस्कृतिक मानसिकता, राष्ट्रीय संस्कृति और आधुनिक अन्तरराष्ट्रीयता वाली। पर यह सब आगे-पीछे की बातें हैं। मेरे लिए यादों का यह सिलसिला शुरू होता है मुक्तेश्वर से।

मुक्तेश्वर : 1952-53

आज से कोई 59-60 साल पुरानी बात है। तब हम लोग मुक्तेश्वर नाम के एक छोटे से पहाड़ी कस्बे में रहते थे। वह जगह बाकी दुनिया से अलग-थलग थी। जिला मुख्यालय नैनीताल वहाँ से कोई 16 मील दूर था। तब मोटर मुक्तेश्वर तक पहुँची न थी और यह सारा रास्ता पैदल नापना पड़ता था। इसी तरह सामने साफ नजर आता अल्मोड़ा भी चौदह मील दूर था और वहाँ तक पहुँचने के लिए भी उतार-चढ़ाई वाला

पैदल पथ ही था। अगर रेलगाड़ी पकड़नी हो तो काठगोदाम बरास्ता नैनीताल या भीमताल ही जाया जा सकता था। तन्दुरुस्त नौजवान के लिए तो एक दिन का मार्च था और बाकी लोगों के लिए दो दिन दरकार होते थे। रास्ते में कहीं न कहीं पड़ाव की व्यवस्था का सरदर्द अलग से था। मगर इस मुक्तेश्वर में सभी चीजें उपलब्ध थीं—सुख–सुविधाओं की, जो अपेक्षाकृत कहीं बड़े और पहाड़–भर में मशहूर अल्मोड़ा शहर तक में मयस्सर नहीं थीं।

जब 1870 में अंग्रेजों ने आठ हजार फीट की ऊँचाई पर एक पशुविज्ञान प्रयोगशाला की स्थापना की थी तो अपने लिए आरामदेह जिन्दगी के तमाम साजो–सामान जुटाने में कोई कसर नहीं छोड़ी थी। सात–आठ सौ की आबादी वाले इस शहरी गाँव के लिए एक छोटा–सा पावर हाउस था, जहाँ डीजल से बिजली पैदा की जाती थी। पचास के दशक तक अल्मोड़ा बिजली की रोशनी से महरूम था।

मुक्तेश्वर में इस विश्वविख्यात इंडियन वैटरनरी रिसर्च इंस्टीट्यूट में काम करनेवाले छोटे–बड़े कर्मचारी खूबसूरत बँगलानुमा मकानों में रहते थे। नलों में पानी आता था अर्थात पीने–नहाने की जरूरतें पूरा करने के लिए किसी धारे–नौले पर लाइन नहीं लगानी पड़ती थी। न ठंड में ठिठुरते और न ही गर्मी में पसीना चुआते। दूध, मक्खन और क्रीम रियायती दामों पर सरकारी कर्मचारियों को प्रयोगशाला के साथ जुड़ी डेरी से मिल जाता था और मौसमी सब्जियाँ भी कम–से–कम अफसरों को स्टेट फार्म से अपनी जरूरत–भर सुलभ थीं। मुर्गे–अंडे पोल्ट्री फार्म से मिलते थे। मनोरंजन के लिए एक नहीं, दो–दो क्लब थे। एक गोरे और बाद में भूरे अफसरों के लिए—गाल्फकोर्स, बिलियर्ड टेबल और पियानो समेत म्यूजिक रूम वाला तो दूसरा, क्लर्कों तथा लैब सहायकों के लिए बैटमिंटन, रेडियो और रीडिंग रूम वाला। प्रयोगशाला केन्द्र सरकार के अधीन थी और इसमें काम करने वालों के वेतन और सुख–सुविधाएँ प्रान्तीय सरकार के नैनीताल और अल्मोड़ा में कार्यरत अधिकारियों से कहीं बेहतर थीं।

यह सब इतना विस्तार से दोहराने की जरूरत इसलिए है कि आधी सदी पहले के मुक्तेश्वर की खासियतें और उसके जीवन के विरोधाभास, सामाजिक विषमताएँ और अन्तर्विरोध भली भाँति समझे जा सकें। प्रयोगशाला के आसपास का कई वर्ग मील इलाका एक आरक्षित जंगल था। उस पर भी इंस्टीट्यूट के अफसरों का ही आदेश चलता था। जंगलात के छोटे–बड़े अफसर हों या राजस्व विभाग के पटवारी–पेशकार, इस हदबंदी के सामने लाचार थे। कुल मिलाकर अंग्रेजी शासनकाल में मुक्तेश्वर की पहचान उपनिवेश के भीतर एक उपनिवेश जैसी थी।

द्वितीय विश्वयुद्ध के दौरान सभी गोरे अफसर देशप्रेम से अकुलाते जंग के मोर्चे पर चले गए और आजादी के बाद लौटे नहीं। इनकी जगह पहले कार्यकारी और फिर अस्थायी रूप से नियुक्त हिन्दुस्तानियों ने ले ली और बाद में यही स्थायी पदाधिकारी बन बैठे। हमारे पिता इन्हीं में से एक थे। उनका स्वभाव और संस्कार अपने अन्य

सहयोगी अफसरों की तरह ओढ़ी हुई अंग्रेजियत और अंग्रेजपरस्ती का ही था। बँगले में काम करने के लिए उन्हें भी वही सब नेपाली कर्मचारी—ग्वाला, सईस, माली, धोबी, चौकीदार, खानसामा आदि—मिले थे, जिनका लाव-लश्कर उनके पूर्ववर्ती इंडियन मेडिकल सर्विस के डॉ. बेकर के लिए जुटाया गया था।

ये नेपाली मजदूर वास्तव में डोटियाल थे अर्थात नेपाल के डोटी क्षेत्र के, जो तब नेपाल का सबसे गरीब, पिछड़ा और दुर्गम इलाका था। कमरतोड़ और हाड़गलाऊ, जान जोखिम में डालनेवाला जो काम गरीब से गरीब कुमाउँनी या गढ़वाली मजदूर करने को तैयार नहीं होते थे, उसके लिए डोटियालों को तैनात किया जाता था। इनकी पूरी की पूरी बिरादरी कुली लाइन में रहती थी, जहाँ बँगलों में काम करनेवाले नौकरों के लिए बनाए गए सर्वेंट क्वार्टरों से बहुत कम सुविधाएँ थीं। फिर भी शौचालय, पीने का पानी और बिजली का बन्दोबस्त था। हर साल दर्जनों नेपाली नौजवान अपने रिश्तेदार बिरादरों के साथ मुक्तेश्वर पहुँचते थे—सरकारी नौकरी पाने की उम्मीद में। इनमें से अनेक पहले घरों में नौकरी करते थे ताकि साहब की सिफारिश का पौआ जुटा सकें।

मुक्तेश्वर की सरहद से लगे हुए कुछ गाँव थे, जिन्हें एक तरह से मुक्तेश्वर का ही हिस्सा माना जाता था। इनमें एक ओर शीतला तो दूसरी ओर सूरमाइनी था। यहाँ रहनेवाले कानूनी तौर पर इंस्टीट्यूट के अस्पताल में इलाज के अधिकारी नहीं थे, पर यह परम्परा हिन्दुस्तानी डॉक्टर (हमारे पिता) की नियुक्ति के साथ ही स्थापित हो गई थी कि मानवीय आधार पर गाँव से आनेवाले किसी भी मरीज को लाइलाज वापस न भेजा जाए।

इसी तरह एक और गाँव मुक्तेश्वर के भीतर ही बसा था—जसपुर। इसमें हरिजन, कुछ ईसाई और मुसलमान बसते थे। हरिजन शिल्पकार स्थानीय थे और इन्हीं में से कुछ धर्म-परिवर्तन के बाद मुसलमान और ईसाई बने थे। कुछ ऐसे मुसलमान और ईसाई भी थे जो कारोबार के सिलसिले में बाहर—मुरादाबाद तथा बरेली आदि—से आकर बस गए थे। प्रयोगशाला में काम करनेवालों की जरूरतें पूरी करनेवाले कसाई-बूचर, नाई-दर्जी, बढ़ई और रंगरेज सब जसपुर के ही निवासी थे।

एक तरह से मुक्तेश्वर में सब कुछ था और यह छोटी-सी बस्ती लगभग पूरी तरह आत्मनिर्भर थी। मगर जिन्दगी की एक बुनियादी जरूरत ऐसी थी जिसे पूरा करने की तरफ इंस्टीट्यूट ने कभी कोई तवज्जो नहीं दी थी। मुक्तेश्वर में स्कूली पढ़ाई की गुजारे लायक भी व्यवस्था नहीं थी। इसका कारण आसानी से समझा जा सकता है। जब तक अंग्रेजों का शासन था, प्रवासी हाकिमों और उनके अधीनस्थ महत्त्वाकांक्षी अनुचरों के बच्चों की पढ़ाई इस पिछड़ी जगह करने-कराने की बात भला कैसे सोची जा सकती थी ? अंग्रेज वैज्ञानिकों के बच्चे तो विलायत में ही पढ़ते थे—स्वाभाविक रूप से और हिन्दुस्तानी कर्मचारी अपने बच्चों को मैदानों में रिश्तेदारों के पास बरेली, लखनऊ,

दिल्ली आदि में रखकर पढ़ाने का इंतजाम करते थे। जो लोग खर्च बर्दाश्त कर सकते थे, उनके लिए नैनीताल के महँगे मिशनरी स्कूल थे ही—सेंट जोजफ, शेरवुड तथा ऑल सेंट्स जैसे। जो एक फटीचर स्कूल यहाँ चलाया जा रहा था, वह डिस्ट्रिक्ट बोर्ड की कृपा से प्राइमरी स्तर का ही था और बमुश्किल विद्यार्थियों को साक्षर और जोड़-घटाव-गुणा-भाग कर सकने लायक बनाने की हालत में था।

आजादी के बाद इस स्थिति में बदलाव आना स्वाभाविक था। जनसाधारण की आकांक्षाएँ बेहतर शिक्षा पाने के लिए उग्र हुईं और कसमसाहट के साथ ही इनका मुखर होना भी आरम्भ हुआ। उन्हीं दिनों मुक्तेश्वर के स्कूल का 'उच्चीकरण' हुआ। कुछ स्थानीय जनहितकारी सोचवाले नागरिकों के प्रयास से एक उच्चतर माध्यमिक विद्यालय की स्थापना की गई। उसमें दर्जा छह से लेकर दर्जा आठ तक की पढ़ाई का बंदोबस्त किया गया। उसके हेडमास्टर नियुक्त किए गए नन्दन कर्नाटक नाम के एक नौजवान, जो इंटर के बाद अपनी पढ़ाई किसी कारण जारी नहीं रख सके थे। उनके पिता की एक पुरानी दुकान मोहन बाजार में थी जो उस जमाने में इंस्टीट्यूट के निम्न पदों पर काम करनेवाले कर्मचारियों की सभी छोटी-बड़ी जरूरतें पूरा करती थीं। वहाँ चलनेवाला उधारखाता बड़ा गरीबपरवर समझा जाता था।

कर्नाटक बाबू सम्मानित बुजुर्ग थे और उनके सुपुत्र रंगीनमिजाज होने की अपनी ख्याति के बावजूद अपने सुलेख, कड़े अनुशासन और गणित तथा विज्ञान जैसे दुरूह विषय मार-पीटकर उजड्ड गँवार छात्रों को पढ़ाने की अपनी सामर्थ्य के कारण इस पद के लिए सुयोग्य समझे गए।

मुक्तेश्वर में उच्चतर माध्यमिक विद्यालय की स्थापना निश्चय ही एक ऐतिहासिक कदम थी। दूर-दराज के गाँवों से मीलों चलकर यहाँ आनेवाले देहाती विद्यार्थियों की संख्या सैकड़ों तक पहुँचती थी। बहुत जल्द हाईस्कूल की पढ़ाई शुरू करने के लिए जनता का दबाव बढ़ने लगा। एक-दो साल बाद ही इसका कायाकल्प हाईस्कूल में हो गया। तुरत-फुरत नये शिक्षकों की नियुक्ति जरूरी हो गई। शिक्षा विभाग के नियम-कानून के अनुसार हाईस्कूल के छात्रों को पढ़ाने के लिए शिक्षकों का ग्रैजुएट होना जरूरी था—बाद में इसमें बी.टी./बी.एड. वाली शब्दावली भी जोड़ दी गई। कर्नाटक हेडमास्टर साहब का युग जल्दी ही समाप्त हो गया। उनकी जगह अस्कोट से बुलाए गए देवीदत्त उपाध्याय जी ने ले ली, जो एम.ए. पास थे।

इसी दौर में कई और नये नौजवान अध्यापक भी नियुक्त हुए। ये सभी इंस्टीट्यूट में काम कर रहे अधिकारियों के बेटे वगैरह थे। एकमात्र अपवाद थे मनोहर श्याम जोशी।

जोशी जी को मुक्तेश्वर लाने का काम हमारी माँ ने किया था, जो उस वक्त उच्चतर माध्यमिक विद्यालय, मुक्तेश्वर की प्रबन्ध समिति के साथ जुड़ी थीं और साक्षरता-शिक्षा के साथ उनका सरोकार जबरदस्त था। माँ स्वयं शान्तिनिकेतन में वर्षों रही थीं

और गुरुदेव रवीन्द्रनाथ ठाकुर का स्नेह उन्हें भरपूर मिला था। वह हजारी प्रसाद द्विवेदी जी की छात्रा थीं और विद्यार्थी-जीवन में उनके तेवर गांधीवादी-देशप्रेमी रहे थे। यह सोच पाना कठिन है कि कैसे उन जैसे मिजाज वाली युवती बिलकुल दूसरी तरह के स्वभाव और पसन्दवाले हमारे पिता के प्रेम में पड़ी थी!

माँ के पितामह कुमाऊँ के पहले ग्रैजुएट थे और काशी हिन्दू विश्वविद्यालय के संस्थापक मदनमोहन मालवीय के प्रिय सहयोगी। अल्मोड़ा में ईसाई मिशनरी स्कूल को टक्कर देनेवाले अल्मोड़ा हाईस्कूल की स्थापना उन्होंने की थी और वह कचहरी में प्रतिष्ठित वकील थे। दुनिया देखने के बाद भी उनका मूल संस्कार कट्टरपंथी ब्राह्मणवादी परम्परा-पोषक था और अपने बड़े पुत्र अर्थात हमारे नाना जी को उनकी इच्छा के विरुद्ध विलायत जाने की वजह से पारिवारिक सम्पत्ति से बेदखल कर दिया था। सिर्फ लड़कियों की पढ़ाई के बारे में उनका सोच काफी खुला हुआ था और उन्हीं के प्रोत्साहन से माँ इलाहाबाद, बनारस होते हुए शान्तिनिकेतन तक पहुँची थीं।

मल्ला कसून का ननिहाल वाला घर अल्मोड़े का एक प्रमुख सांस्कृतिक केन्द्र था। माँ इस परिवेश में बड़ी हुई थीं और बचपन से ही आस-पड़ोस के अभावग्रस्त बच्चों के लिए संजीवनी पाठशाला चलाया करती थीं। शादी के बाद भी उनकी ख्याति और स्मृति अपने मायके के शहर अल्मोड़ा में रची-बसी थी। कुछ शान्तिनिकेतन प्रवास का रुतबा था और कुछ सनसनीखेज प्रेम-विवाह का असर कि उनसे मिलने-जुलने, सलाह लेने क्रान्तिकारी मिजाज के नौजवान अक्सर मुक्तेश्वर तक हमारे बचपन में, और बाद में भी, पहुँचते रहते थे।

मनोहर श्याम हम लोगों के रिश्तेदार बिरादर तो न थे, पर उनकी माँ से मेरी माँ का अच्छा परिचय था। जब एक बार, शायद किसी शादी-विवाह के सिलसिले में, अल्मोड़ा पहुँचीं माँ को इस मेधावी, पर कुछ बिगड़े और बिगड़ने पर आमादा होनहार के बारे में पता चला तो उन्होंने तत्काल मुक्तेश्वर स्कूल का विकल्प सुझाया। पता नहीं, किन कारणों से मनोहर श्याम इसके लिए राजी हो गए।

उन दिनों जोशी जी लखनऊ से बेजार, बी.एस-सी. पास करने के बाद बेरोजगार, अल्मोड़ा में अपने दिन काट रहे थे। उनकी संगत अपने जैसे दूसरे कम्यूनिस्ट नौजवानों की थी जिनका सारा समय गाने-बजाने, नारे लगाने और अड्डेबाजी में बीतता था। अपने अभिभावकों की नजर में ये सब लोफर, उद्दंड, अनुशासनहीन लड़के शहर का माहौल खराब कर रहे थे और इनका गिरोह भले घर की लड़कियों को खराब करने के सिवा और कुछ नहीं कर सकता था। विडम्बना यह है कि इन्हीं शोहदे समझे जानेवाले बेकार लड़कों ने आनेवाले सालों में अल्मोड़ा का नाम रौशन किया।

मनोहर श्याम जोशी की मित्र-मंडली में मोहन उप्रेती और उनके भाई धीरेन्द्र तथा लेनिन पंत थे। गोर्की के बड़े भाई लेनिन देवीदत्त पंत उर्फ देबिया हुड़किया के

पुत्र थे। देवीदत्त, जो सुमित्रानन्दन पंत के बड़े भाई और समाजवादी विचारधारा से प्रभावित सक्रिय बौद्धिक थे। आजादी के बाद वह अल्मोड़ा से कांग्रेसी सांसद चुने गए थे।

ये तमाम लड़के, जिनमें से अधिकांश लखनऊ विश्वविद्यालय की हवा खा चुके थे, इप्टा के साथ जुड़े थे और अल्मोड़ा के आसपास के इलाके में घूम-घूमकर लोकगीत और लोकनृत्य के माध्यम से, जनता में क्रान्तिकारी चेतना फैलाने के 'खतरनाक' अभियान में जुटे थे।

मेरी उम्र तब कोई छह-सात साल की रही होगी। अल्मोड़ा से आई नाच-गान मंडली के पहुँचने की खबर ने मुक्तेश्वर में खासी सनसनी फैला दी थी। यह याद रखने लायक है कि मुक्तेश्वर में मनोरंजन के बहुत सीमित साधन थे। पत्र और पत्रिकाएँ डाक से ही आते थे—पैदल हरकारे की पीठ पर लदकर। शहर में गिने-चुने चार-पाँच रेडियो सेट थे, जिनमें से दो क्लबों में थे और जिन तक पहुँच सिर्फ मेम्बरों की थी।

गर्मियों में 'फील्ड' में आयोजित होनेवाला फुटबॉल टूर्नामेंट और दशहरे के पहले नवरात्रों में जुटनेवाली रामलीला ही ऐसे तमाशे थे जिनमें दर्शक निःशुल्क शामिल होकर इनका रस ले सकते थे। छठे-छमाहे ही कभी कोई सपेरा, बाजीगर अपना खेल दिखाने पहुँचता था और तब सड़क किनारे ही अच्छा-खासा मजमा जुटा लेता था।

एकरसता और ऊब का यह आलम था कि जब एक बार छह नम्बर बीड़ी का इश्तहार करनेवालों की एक टोली नचनिया लौंडे के साथ भूले-भटके मुक्तेश्वर पहुँच गई तो नाच-गाने के लिए तरसे मुक्तेश्वरवासियों ने बड़ी मेहनत कर तीन-चार दिनों तक रोक लिया। छह नम्बर बीड़ी की बिक्री भले ही न बढ़ी हो, ये मेहमान लोग काफी तर होकर वापस लौटे।

छठे-छमाहे कभी कोई डोटियाल मज़दूर फुर्सत के लम्हों में मुरली या वंशी पर कोई दर्द-भरी नेपाली धुन छेड़ता था तो निर्जन सन्नाटे में दूर तलक उसके सुर गूँजते थे।

आसानी से अनुमान लगाया जा सकता है कि जब ऐसे सांस्कृतिक मरुस्थल में ये खिलंदरे नौजवान, बिंदास मिजाज वाले गाते-बजाते पहुँचे तो माहौल पलक झपकते ही गर्म हो गया! लोकसंगीत और लोकनृत्य का ज़ादू ही कुछ ऐसा है कि सिर पर चढ़कर बोलता है। विलायती बोल बोलने वाली मुक्तेश्वर की देशी मुर्गियाँ भी ज्यादा देर तक शालीन और संयमी नहीं रह सकीं।

रिक्रिएशन क्लब में जहाँ सभी वर्ग के दर्शक पहुँच सकते थे, एक अस्थायी मंच बनाकर रंगारंग कार्यक्रम का आयोजन किया गया। रंगीन रूमाल लहराते और उल्लास-भरी विस्फोटक छलाँगें लगाते उप्रेती बंधुओं—गिरीश जोशी, लेनिन पंत और मनोहर श्याम जोशी—ने अनायास ही मजमा लूट लिया।

उनके वापस लौटने के बाद भी कई महीनों तक मुक्तेश्वरवासियों की जुबान पर उनके तराने गुनगुनाते रहे थे :

'हम धरती के लाल नया इनसान बनाएँगे,
हम धरती के लाल धरती के भाग जगाएँगे।'

आज लगता है कि मुक्तेश्वर स्कूल में मास्टरी करने के लिए अगर मनोहर श्याम बिना ना-नुच के राजी हो गए तो शायद इसका एक कारण यह भी रहा हो कि तब तक उनके दिल में क्रान्तिकारी जज्बा असरदार था और शायद यह आशा बची थी कि वह इस हस्तक्षेप से इस उपनिवेश के भीतर की जड़ता को तोड़ने में सार्थक भूमिका निभा सकते थे।

बहरहाल मनोहर श्याम मुक्तेश्वर में बहुत दिन टिके नहीं। उनका पूरा प्रवास शायद चार-छह महीनों का ही रहा। उस वक्त के उनके परिचितों-सहयोगियों में किसी को भी आज यह बात याद नहीं कि उन्होंने पूरा सत्र वहाँ काटा कि नहीं।

उनके अपनी माँ को दिये गए वचन के अनुसार शायद सौ रुपये प्रतिमाह वेतन से 75 रुपये सीधे अल्मोड़ा भेज दिये जाते थे। रहते वह हम लोगों के साथ ही थे और जेबखर्च के लिए उस जमाने में 20-25 रुपये बहुत होते थे।

वह माँ के प्रिय पात्र थे पर पिताजी उनकी हरकतों से ज्यादातर परेशान ही रहते थे। पिताजी को न तो लोकसंगीत या नृत्य में कोई दिलचस्पी थी और न ही हिन्दी-अंग्रेजी साहित्य से कोई लगाव। वह अंग्रेजों के नौकर रह चुके थे और आजादी के बाद भी आजादी की लड़ाई लड़नेवालों और कांग्रेस-मिजाज के लोगों को कमोबेश शक की निगाहों से ही देखते थे।

पिताजी स्वयं अपने छात्र-जीवन में, खास कर मेडिकल कॉलेज के दिनों में, खासे शौकीन और रंगीन तबीयत के रहे थे, पर बाद में क्षय रोग से ग्रस्त होने के बाद, जो तब एक असाध्य रोग समझा जाता था, खासा अनुशासित और संयमी जीवन व्यतीत करने लगे थे। तफरीह के नाम पर नियमित रूप से क्लब जाना, बिलियर्ड और गोल्फ खेलना, शाम को एक बड़ा राउंड व्हिस्की का और सप्ताह में एक बार दोस्तों के साथ ब्रिज की बैठकें उनका शगल थे। उनसे पहले वाले अंग्रेज डॉक्टर अपनी लाइब्रेरी हमारे बँगले में छोड़ गए थे। इस विरासत में ट्रैवल बुक क्लब की बहुत सारी किताबें थीं और सेंट तथा सेक्सन ब्लेक के जासूसी उपन्यास। पिताजी की पढ़ाई-लिखाई ब्रिटिश मेडिकल जर्नल, 'लानसेट' से समय मिलने पर, इन्हीं जिल्दों पर सिमटी रहती थी।

जाहिर है कि उनके साथ मनोहर श्याम का संवाद सम्भव नहीं था। मगर पिताजी इस बात को स्वीकार करते थे कि मनोहर श्याम निहायत शरीफ और तहजीबयाफ्ता नौजवान थे और उनकी तारीफ करते वक्त यह जोड़ना कभी नहीं भूलते कि यह सब गुण खानदानी होते हैं और सही जगह पर मिली तालीम से निखरते हैं। मनोहर श्याम के पिता संगीतप्रेमी, शिक्षाविद्, राय साहब प्रेमवल्लभ जोशी उनके परिचित थे और

जोशी जी की लखनऊ की पढ़ाई उन्हें निश्चय ही पिताजी की नजर में 'डिजायरेबल' बनाती थी।

कुछ साल बाद लगभग ऐसी ही परिस्थितियों में अल्मोड़ा से एक और प्रतिभाशाली नौजवान मास्टर साहब मुक्तेश्वर स्कूल में नियुक्त हुए थे। उनका नाम था रमेश चंद्र शाह। उम्र वही 19–20 के आसपास रही होगी। लखनऊ नहीं, इलाहाबाद से बी.एस-सी. पास कर वह यहाँ पहुँचे थे। अल्मोड़ा में पढ़ते वक्त इंटरमीडिएट में उन्हें फर्स्ट डिवीजन हासिल हुई थी—गणित और विज्ञान में डिस्टिंक्शन के साथ। किन्तु बी.एस-सी. में सिर्फ सेकेंड डिवीजन में उत्तीर्ण होने से वह काफी निराश थे। सभी शुभचिन्तक-रिश्तेदार यह मान चले थे कि लड़के को शहर की हवा लग गई है और वह बिगड़ने लगा है।

पारिवारिक स्थिति ऐसी नहीं थी कि आगे की पढ़ाई जारी रख सकते। बाजार में पान की छोटी-सी दुकान थी। उस पर बैठने की जगह दूसरे भाई के लिए नहीं थी और न ही रमेश चंद्र शाह का मन इस काम के लिए राजी था।

इलाहाबाद रहते हिन्दी-अंग्रेजी साहित्य में उनकी रुचि गहरी हुई थी पर प्रगतिशील-मार्क्सवादी विचारधारा का कोई असर उन पर नहीं पड़ा था। मुक्तेश्वर स्कूल में वह तीन-चार साल रहे और अपनी अद्‌भुत संवेदनशीलता और साहित्य-कला-अनुराग के बावजूद स्कूल के बाकी टीचरों से घुलने-मिलने में उन्हें कोई कठिनाई नहीं हुई।

वहाँ रहते उन्होंने प्राइवेट छात्र के रूप में आगरा विश्वविद्यालय से अंग्रेजी में एम.ए. किया और माँ—जिन्हें वह मौसी कहते और मानते थे—से उन्होंने बड़े मनोयोग से बांग्ला और संस्कृत सीखी। उनकी गति असाधारण थी और कुछ ही महीनों में वह फर्राटे से बांग्ला बोलने लगे थे और संस्कृत में मौलिक श्लोकों की रचना भी। इन असाधारण गुणों के कारण दूसरे भले ही उनसे अभिभूत होते रहे हों, स्वयं उनके लिए देहाती छात्रों से लेकर अहंकारी सहयोगियों तक संवाद स्थापित करने में कोई रुकावट नहीं आती थी।

आज के मुहावरे में वह बेहद 'यूजर फ्रेंडली' किस्म के अध्यापक साबित हुए। गणित और विज्ञान जैसे विषयों को भी वह कमजोर छात्रों के लिए भी सरस बना देते थे।

उनके पूर्ववर्ती ओझा सर, जो बाद में डीडीहाट से विधायक बने, इसी काम को मारपीट और डाँट-डपट से पूरा करते थे। टीचर अच्छे समझे जाते थे पर वैसा स्नेह उन्हें कभी नसीब नहीं हुआ जो शाह जी को अनायास सुलभ था।

मुक्तेश्वर छोड़ने के कई साल बाद रमेश चंद्र शाह ने 'गोबर गणेश' नाम का उपन्यास लिखा था, जिससे यह पता चलता है कि मुक्तेश्वर स्कूल में मास्टरी के अनुभव ने उनके व्यक्तिगत जीवन और साहित्य को कितना प्रभावित किया।

मनोहर श्याम जोशी भले ही इससे कम समय मुक्तेश्वर में रहे, पर मुक्तेश्वर की पुन्तुरी (पोटली) जीवन-भर उनके साथ रही। 'कुरु-कुरु स्वाहा...' और 'कसप' जैसे उपन्यास तथा 'हमलोग' और 'बुनियाद' सरीखे सीरियल लिखने के बाद भी मुक्तेश्वर की यादें उनके मन में घुमड़ती रहीं। वह भले ही अपने संस्मरणों में अपने प्यारे लखनऊ को ही बार-बार याद करते रहे हों या मायानगरी बम्बई में बिताए दिनों को किस्सागोई और अपने जीवन-दर्शन के स्रोत के रूप में पेश करते हों, बावजूद इसके मुक्तेश्वर स्कूल में गुजारे लम्हों का असर उनके लेखन पर साफ-साफ देखा जा सकता है।

'ट-टा प्रोफेसर' नाम के उपन्यास का कलेवर भले ही छोटा हो पर मार्मिकता और संवेदनशीलता में इसकी तुलना 'कुरु-कुरु स्वाहा...' और 'कसप' के बेहतरीन हिस्सों से की जा सकती है। खास कर 'कसप' के साथ तुलना के लालच से बचना कठिन है।

'कुरु-कुरु स्वाहा...' जोशी जी का पहला उपन्यास है। इसकी संरचना 'सैरीब्रल थ्रिलर' और उत्तर-आधुनिक 'डी कंस्ट्रक्शन' वाले बखान की है। तब भी पारम्परिक उपन्यास के कलेवर और स्वरूप का निर्वाह सरस किस्सागोई के साथ हर जगह देखने को मिलता है। इसमें कथावाचक नायक के आत्मालाप और संस्मरणों में मनोहर श्याम की अपनी आत्मकथा की अन्तरंग झलकियाँ भी पिरोयी गई हैं।

माया नगरी मुंबई में पटकथा लेखक के रूप में खुशहाली और मशहूरी तलाशता युवा पत्रकार तरह-तरह के दुनियादार, चंट-मक्कार लोगों की संगत-सोहबत में अपने दिन काटता है और यहीं उसकी मुलाकात होती है नायिका पहुँचेली से।

उलझे हुए कथानक की सार-संक्षेप में प्रस्तुति उपन्यास के साथ ज्यादती होगी पर इस बात की ओर ध्यान दिलाया जाना जरूरी है कि हीरो का पहाड़ीपन और पहाड़-प्रेम ही इस कहानी में जान डालता है। अल्मोड़िया संस्कारी, मध्यवर्गीय ब्राह्मण परिवार का बचपन में ही बेसहारा छूटा भोला बालक चकाचौंध की जिन्दगी से चकराता तो है ही, आकर्षित भी होता है। मौका मिलते ही वह अन्तरंग आत्मीय रिश्ते स्थापित कर अपना अकेलापन ढेर करने की कोशिश करता है और इसके साथ ही नगरवधू या रक्षिता किस्म की महिला में आदिशक्ति महामाया देवी के रूप तलाशता है। इतना ही नहीं, खलनायकनुमा एक और पात्रा को भोग-विलास में नहीं बल्कि गूढ़ तंत्र-साधना पथ के यात्री के रूप में चित्रित करता है।

इसी उपन्यास के एक अंश में श्राद्धवाले कर्मकांड का विस्तृत वर्णन है जिसे पढ़ते यही अनुभूति होती है कि लेखक इस अंधविश्वास को पुष्ट करने की कोशिश ही नहीं कर रहा बल्कि इस तरह के अनुष्ठानों का प्रतीकात्मक महत्त्व फिर से उजागर कर रहा है : उनकी महिमा-गरिमा को फिर से प्रतिष्ठित करने के लिए।

यह प्रयत्न शायद इसलिए जरूरी है कि ओढ़ी हुई पश्चिमी आधुनिकता के चक्कर में व्यक्ति, खास कर शहरी सम्पन्न, अपनी पारिवारिक-सामाजिक जिम्मेदारियों को

बिलकुल भूल चुका है। पितृऋण हो या गुरुऋण, इससे मुक्त हुए बिना मोक्ष सम्भव नहीं। सनातनी कर्मकांड ही भारतीय समाज के लिए मनोविश्लेषण और आत्ममंथन का नुस्खा परोसते रहे हैं।

ऐसे प्रसंगों से अनायास याद आते हैं यू. आर. अनंतमूर्ति और उनका उपन्यास 'संस्कार' तथा निर्मल वर्मा का 'अन्तिम अरण्य'। यह कहना सहज है कि बुढ़ापे की दहलीज तक पहुँचते क्रान्तिकारी, पुनरुत्थानवादी रिवायवलिस्ट हिन्दू चोला पहनने लगे थे पर बात इतनी सीधी नहीं। इस तरह का परम्परा के प्रति सहानुभूति वाला तेवर अपनाना आजकल भले ही राजनीतिक समझदारी की चालू कसौटी पर खरा न उतरता हो, बौद्धिक रूप से ईमानदार व्यक्ति के लिए कोई दूसरा विकल्प नहीं छोड़ता।

'कसप' अपने शीर्षक से ही यह ऐलान करता है कि इस कठिनाई से अनुवाद किये जा सकनेवाले कुमाउँनी के शब्द में ही इसके कथ्य का बीज-वृक्ष समेटा गया है। एक बार फिर अधिकांश पाठकों को यह जोशी जी की आत्मकथा का ही एक और हिस्सा लग सकता है—'कुरु-कुरु स्वाहा...' से पहले और बाद वाला। इसमें कथावाचक प्रथम पुरुष नहीं, बल्कि सारा बखान फिल्मी पटकथा के रूप में है—एक साथ रखे गए दृश्य, जो एक शृंखला में पिरोये नहीं गए। कहीं फ्लैशबैक है तो कहीं फास्ट फॉरवर्ड। इसके अलावा थोड़े कहे में बहुत समझाने वाले अन्दाज में मोनटाज की टेकनीक का इस्तेमाल भी किया गया है। कुछ जगह लम्बे अन्तर्लाप भी हैं।

नायक डी.डी. अपने लड़कपन और तरुणाई के ऊँघते जड़ अल्मोड़े को छोड़ बम्बई पहुँचता है और खट्टे-मीठे अनुभव ग्रहण करता अमेरिका पहुँच जाता है। वह विख्यात फिल्म निर्देशक बनकर अल्मोड़ा लौटता है और पूर्व परिचितों को चकित-विस्मित करता है।

इस उपन्यास में मृतप्राय अल्मोड़े का जितना जीवन्त वर्णन है, उसे इस कस्बे को दिया जीवनदान ही कहा जा सकता है। अल्मोड़ा की कथा-व्यथा हमारे देश के जाने कितने अनाम कस्बों की नियति है। मनोहर दा की अनूठी उपलब्धि यह है कि उन्होंने घनघोर आंचलिकता को—स्थानीयता को—अपने ऊपर हावी नहीं होने दिया और तमाम नराई (नॉस्टेल्जिया) के बावजूद लेखक की दृष्टि श्रेष्ठतम अर्थ में निर्मम बनी रही है।

दिल्ली : 1960 के आसपास

लखनऊ छोड़ने के बाद और अल्मोड़ा तथा मुक्तेश्वर में कुछ समय बिताने के बाद मनोहर श्याम जोशी पहले-पहल दिल्ली पहुँचे थे और यहाँ उन्होंने रेडियो में नौकरी शुरू की थी। यह 1950 के दशक का आखिरी वर्ष था। उनके सहकर्मियों-सहयोगियों में लखनऊ से परिचित रघुवीर सहाय तो थे ही, तभी दिल्ली पहुँचे श्रीकान्त वर्मा आदि विशेष थे। बाद में ये दोनों 'दिनमान' में भी उनके सहकर्मी रहे।

उन दिनों को याद करते हुए रघुवीर जी ने लिखा है कि रेडियो की भाषा गढ़ने के लिए हिन्दी का रूप तराशने की यह कोशिश बेहद महत्त्वपूर्ण थी।

ये सब प्रतिभाशाली नौजवान इन्हीं दिनों अज्ञेय के सम्पर्क में आए और उनसे कमोबेश प्रभावित भी हुए।

बहरहाल रेडियो की नौकरी उन दिनों भी कुल मिलाकर आज ही की तरह पत्रकारिता कम और सरकारी क्लर्कनुमा मुलाजमी अधिक थी। टेलीविजन तब तक भारत नहीं पहुँचा था और आवाज की दुनिया के लोकप्रिय सितारे समाचार-वाचक और उद्घोषक हुआ करते थे।

जोशी जी के आकाशवाणी भवन पहुँचने के वर्षों पहले से एक और अद्भुत व्यक्तित्व इस अहाते में राज कर रहा था। हिन्दी की दुनिया में तब देवकीनन्दन पांडे की तूती बोलती थी और वही अकेली ऐसी शख्सियत थे जो अंग्रेजी के मेलवल डीमेलो से टक्कर ले सकते थे।

पांडे जी भी अल्मोड़ा के पहाड़ी ब्राह्मण थे और आज भी उनकी याद बहुतों के मन में ताजा है।

इस सबको दोहराने का सबब सिर्फ इतना है कि यह बात समझी जा सके कि लेखक-पटकथा लेखक के रूप में तैनात व्यक्ति को क्या कुछ भोगना-झेलना पड़ता होगा। उस दौर के अनुभव जोशी जी के लेखन में प्रत्यक्ष प्रकट नहीं होते, पर यह उल्लेखनीय है कि अनेक भाषाओं-बोलियों के जिन्दा मुहावरे की पकड़ रेडियो में काम करते निश्चय ही मजबूत हुई होगी।

उन दिनों लखनऊ के बाद दिल्ली ही अल्मोड़ा के पढ़े-लिखे (अधिकतर ब्राह्मण) नौजवानों की पसन्दीदा मंजिल हुआ करती थी। एक छोटा-मोटा पहाड़ नई दिल्ली बनने-बसने के साथ से यहाँ विराज रहा था। सरकारी दफ्तरों में लड़कों के रूप में या चौकीदार-चपरासियों की जगहों पर बहुत सारे पहाड़ी होनहार लगे हुए थे। गोल मार्केट और इसके आसपास के इलाके बिरादरी पर आधारित अल्मोड़ा नगर के मुहल्लों की याद ताजा कराते हैं।

तब तक दिल्ली और 'पहाड़' के बीच में सीधी बस-सेवा शुरू नहीं हुई थी और रेल का सफर काफी दुरूह था। बड़ी लाइन रामपुर बरेली तक ही पहुँचाती थी। गाड़ी बदलकर छोटी लाइन का सफर शुरू होता था। लखनऊ या आगरा से आनेवाली रेल के लिए घंटों इन्तजार करना पड़ता था और उसके बाद भी काठगोदाम से आगे का सफर लौरीनुमा बसों में ही तय करना पड़ता था। इसी कारण दिल्ली का प्रवास लखनऊ की तुलना में कहीं ज्यादा घर की याद दिलाता था।

बेरोजगार नौजवानों के लिए जो आसरा था, वह दूर-दराज के रिश्तेदारों का या अपने से कुछ बेहतर हालत में पहुँचे हमउम्र यार-दोस्तों का। पहाड़ से दिल्ली आनेवाला

अपने साथ मुल्क-मेवा लाता था—अल्मोड़ा की बाल मिठाई और सिंगौड़ी या पहाड़ी खाने का स्वाद सुलभ कराने वाली बड़ी, पपटौले, गीठी, गडेरी और सबसे दुर्लभ सात्त्विक छौंक के लिए तिब्बती जम्बू। कपड़े की जिस पोटली में सुदामा के तंडुल जैसी यह सौगात लाई जाती थी, उसे कुमाउँनी में 'पुन्तुरी' कहा जाता था। आज पॉलीथीन के चिकने थैलों और गत्ते के सुडौल डिब्बों ने इस आत्मीय पैकेजिंग को समूल नष्ट कर दिया है। वैसे असलियत तो यह है कि इन देहाती चीजों की जरूरत ही इस प्रवासी घर में बची है। अगर अपनी जड़ों की जानकारी से किसी को इंप्रेस करने की सख्त जरूरत हो तो सरोजिनी नगर में ही सब कुछ मिल जाता है। बस, गाँठ में पैसे होने चाहिए।

अक्सर यह पुन्तुरी पहुँचती थी गाँव से आए किसी लाचार बूढ़े रिश्तेदार या इलाज करवाने आए बीमार के साथ। यह व्यक्ति अपने साथ रिश्तेदारों और जान-पहचान के लोगों के बारे में तरह-तरह की जानकारियाँ, कुछ खबरें, ज्यादातर अफवाहें लेकर पहुँचता था।

याद रखें कि आज से कोई आधी सदी से भी पहले के उस युग में डाक बहुत धीमी रफ्तार से चलती थी। पहाड़ों में अनेक जगह चिट्ठीरसैन पैदल हलकारे ही होते थे और गाँव में ही नहीं, कस्बों में भी अधिकांश बूढ़े-बुढ़िया चिट्ठी-पाती बँचवाकर ही सुनते थे। कुल मिलाकर वह वाचिक परम्परा को ही पुष्ट करनेवाले रीति-रिवाज थे।

'हरिया हरकुलिस की हैरानी' की सेटिंग भले ही बाद के दशक की है, इसमें कुछ झलकियाँ उस पहाड़ी जीवन की मिलती हैं—मर्मस्पर्शी रूप से, जिनकी आज स्मृति ही शेष रह गई है।

कुमाऊँ के अनेक समर्थ लेखकों में आंचलिकता का गहरा पुट देखने को मिलता है। दिवंगत शैलेश मटियानी ने तो अपनी पहचान ही ऐसे लेखन से बनाई थी। शिवानी के उपन्यासों और कहानियों में चित्रित अल्मोड़ा निश्चय ही अविस्मरणीय है और उसको प्रभावशाली बनाता है। पर मनोहर श्याम जी के लेखन में पहाड़ का इस्तेमाल एक मायालोक या पृष्ठभूमि के रूप में नहीं होता। उनके पहाड़ी पात्र अगर हमें छूते हैं और अपने सुख-दुख से जोड़ते हैं तो अपनी मानवीय गरिमा के कारण ही। 'हरिया' में यह पहाड़ किसी भी तरह थोपा हुआ नहीं लगता। हाँ, 'हरिया हरकुलिस की हैरानी' का नामकरण अनायास 'कसप' की याद दिलाता है जिसमें अनेक पात्रों के रोचक उपनाम उनके व्यक्तित्व की किसी खासियत को या जिन्दगी की असामान्य घटना को सूचित करते हैं।

बहरहाल जोशी जी का मन ज्यादा दिन लग नहीं सका। बावजूद इसके उनका चयन रेडियो में काम करते भारतीय सूचना सेवा में हो गया था, जो क्लास वन गजेटेड नौकरी

थी और उस जमाने में लगभग आला अफसरी। सूचना सेवा में काम करते जोशी जी फिल्म प्रभाग से जुड़े और बम्बई पहुँच गए। इन वर्षों का सजीव चित्रण 'कुरु कुरु स्वाहा' में हुआ है।

बम्बई में भोला पहाड़ी बालक मनोहर हमें अक्सर अकेला भटकता, अन्तर्लाप करता ही मिलता है, क्योंकि बम्बई में रहनेवाले, मिलों में खटनेवाले पहाड़ी मजदूरों से इस पढ़े-लिखे अल्मोड़िया ब्राह्मण नौजवान का कोई संवाद सहज सम्भव नहीं था। पुरोहित की मुद्रा में घुट्टी में प्राप्त संस्कृत श्लोक उच्चारता कथावाचक माया-रूपी पहुँचेली या खलनायक छाप तांत्रिक तक तो पहुँच सकता है, पर लखनऊ में प्राप्त साम्यवाद की दीक्षा सर्वहारा श्रमिक से नाता जोड़ने में उसकी ज्यादा मदद नहीं कर पाती है। प्रगतिशील लफ्फाजी से उसकी मुठभेड़ होती भी है तो फिल्मी पार्टियों में ही, जहाँ शराब के जाम में डूबे 21वीं सदी का अदब लिखने का हठ पालने वाले तरक्कीपसन्द स्क्रिप्ट राइटर उससे टकराते रहते हैं।

बम्बई प्रवास के दौरान जोशी जी ने यह फैसला कर लिया था कि वह सरकारी नौकरी की सुरक्षा और बँधी-बँधाई आमदनी के जाल में अपनी जिन्दगी को नहीं फँसने देंगे। उन्होंने नौकरी से इस्तीफा दे दिया और 'टाइम्स ऑफ इंडिया समूह' की नौकरी शुरू की।

उल्लेखनीय है कि बचपन से ही असुरक्षा से घिरे मनोहर दा ने इस वक्त तक कोई जोखिम-भरा रोमानी कदम नहीं उठाया था। अज्ञेय ने, जिन्हें वह अपना गुरु मानते थे, इस समूह द्वारा शुरू की जा रही हिन्दी साप्ताहिक पत्रिका 'दिनमान' का सम्पादन स्वीकार किया था। अज्ञेय की इच्छा अनुसार 'दिनमान' दिल्ली से निकाला जाना था और इसे अद्भुत रूप से सफल बनाने के लिए अज्ञेय अपने सभी प्रतिभाशाली शिष्यों की मंडली नवरत्नों की तरह जुटा रहे थे।

याद रखें कि उस वक्त बैनेट कोलमेन कम्पनी अपने सम्पादकों को मालिक का नौकर नहीं, दरबारी ही सही, पर मित्र सलाहकार मानती थी। ज्ञानपीठ पुरस्कार को प्रतिष्ठा दिलाने वालों में अज्ञेय अग्रणी थे और कम्पनी के स्वामी दम्पती शाहू शान्ति प्रसाद जैन और उनकी पत्नी रमा जी वास्तव में हिन्दी के प्रेमी, प्रोत्साहक थे। अज्ञेय को खुला हाथ दिया गया था और अपने सहयोगियों को समुचित वेतनमान, सेवा-सुविधाएँ देकर लाने का अवसर उन्हें मिला था।

मनोहर दा के साथ-साथ 'दिनमान' की टीम में रघुवीर सहाय, श्रीकान्त वर्मा, सर्वेश्वर दयाल सक्सेना जैसे और प्रतिभाशाली लोग भी शामिल थे। 'दिनमान' ने हिन्दी पत्रकारिता के क्षेत्र में कई कीर्तिमान स्थापित किए और आज भी इस पत्रिका के न रहने से खाली जगह पूरी नहीं की जा सकी है। यह एक अलग कहानी है मगर शायद यह याद दिलाना सटीक होगा कि पत्रिका का नामकरण अज्ञेय ने जोशी जी के सुझाये पहाड़ी बोली के एक प्रयोग की प्रेरणा से ही किया था।

अज्ञेय स्वभाव से ही बेचैन यायावरी प्रवृत्ति के इनसान थे। लम्बे समय तक 'दिनमान' के सम्पादक की कुर्सी पर बैठे रहना उनको रास नहीं आ सकता था। साल-डेढ़ साल बीतते वह इस जिम्मेदारी से छुटकारा पाने को छटपटाने लगे और जब उन्हें अमेरिका के एक विश्वविद्यालय में अतिथि प्राध्यापक के रूप में आमंत्रित किया गया तो वह सहर्ष विदेश चले गए। उनकी अनुपस्थिति में रघुवीर सहाय 'दिनमान' के कार्यकारी सम्पादक नियुक्त हुए और लगभग उन्हीं दिनों मनोहर दा ने हिन्दुस्तान टाइम्स समूह के 'साप्ताहिक हिन्दुस्तान' का सम्पादक पद ग्रहण किया। यह बात 1967-68 की है। मुक्तेश्वर के बाद मेरी उनसे मुलाकात तब ही हुई।

मैं उन दिनों सप्रू हाउस में पी.एच-डी. कर रहा था और कभी-कभार समसामयिक विषयों पर इक्का-दुक्का लेख 'दिनमान' के लिए लिखा करता था। मुझे मनोहर दा से दुबारा मिलवाने वाले कमलेश भैया थे, जो उन दिनों डॉ. राममनोहर लोहिया के सचिव के रूप में काम कर रहे थे। कमलेश ने ही मेरा परिचय 'दिनमान' में रघुवीर जी से कराया था और मेरी कहानियों को छपवाने के लिए अपनी सिफारिश के साथ 'कल्पना' में कान्ता जी के पास भिजवाया था। मुझे इस बात का भी आभार मानना होगा कि समाजवादी पार्टी की पत्रिका 'जन' के लिए लिखने का आग्रह उन्होंने किया और इसके सम्पादन मंडल से जुड़े अशोक जी से मिलने-जुलने का मौका दिया। मेरे जैसे जाने कितने लोगों में लिखने-पढ़ने का शौक जगाने का पराक्रम कमलेश जी ने किया है!

बहरहाल मनोहर दा ने सत्रह-अठारह वर्षों तक 'साप्ताहिक हिन्दुस्तान' का बेहद सफल सम्पादन किया। उन दिनों 'टाइम्स ऑफ इंडिया' के प्रसिद्ध साप्ताहिक 'धर्मयुग' का सम्पादन डॉ. धर्मवीर भारती कर रहे थे और इसने हिन्दी के पाठकों के बीच अपनी खास पहचान बना रखी थी। कुल मिलाकर 'धर्मयुग' का कलेवर साहित्यिक-बौद्धिक पेशकश वाला था और सम्पादक का कवि-हृदय सामग्री को अभिभूत करता दिखता था।

जोशी जी ने अपने 'दिनमान' के अनुभव का लाभ उठाते हुए थके-हारे सुस्त-पस्त 'साप्ताहिक हिन्दुस्तान' की धज बदल दी। इसका स्वरूप 'टाइम' या 'न्यूज वीक' की खूबियाँ समेटने के साथ-साथ 'लाइफ' मैगजीन की झलक पेश करनेवाला बनता गया।

मनोहर दा आम पाठक को हमेशा ध्यान में रखते थे पर उसके लिए सामग्री जुटाते वक्त उसकी अक्ल या पसन्द पर तरस खाते हुए उस पर कृपा नहीं करते थे। 'न्यू यार्कर' की चुस्त फिकरेबाजी और अमेरिकी पत्रिका 'एस्क्वायर' के फैशन पर खड़े खालिस समझौता न करनेवाले बौद्धिक तेवर भी अपने लेखकों में उन्हें पसन्द थे।

अपने अच्छे दिनों में 'साप्ताहिक हिन्दुस्तान' का प्रतिद्वन्द्वी 'धर्मयुग' नहीं बल्कि खुशवंत सिंह की कप्तानी में वनडे क्रिकेट के तेवरों में छपने वाला 'इलेस्ट्रेटेड वीकली'

ही था। वर्षों बाद सुरेन्द्र प्रताप सिंह ने 'रविवार' का सम्पादन सँभाला तो 'दिनमान' की याद कई पुराने पाठकों के मन में ताजा हुई। 'रविवार' के सरोकार जमीन से जुड़े आम आदमी की जिन्दगी के सुख-दुख से ही थे—'दिनमान' की ही तरह, पर इसका अन्दाज हमेशा गम्भीर बना रहा। कुछ-कुछ बोझिल 'साप्ताहिक हिन्दुस्तान' की अपनी खास जगह बनी-बची रही।

'साप्ताहिक' के क्रिकेट विशेषांक हों या जोशी जी द्वारा प्रायोजित विज्ञान-लेखन, इनका कोई मुकाबला करनेवाला न था। स्वयं जोशी जी ने 'साप्ताहिक' में साक्षात्कार की विधा को नये आयाम दिये।

आशा है, प्रभात जी की यह पुस्तक जोशी जी के कथा-साहित्य व पत्रकारिता में उनके योगदान में रुचि रखनेवाले पाठकों के लिए अनिवार्य पाठ्य-सामग्री के रूप में ग्राह्य होगी। साधारण पाठ्य-पुस्तक की तरह नीरस नहीं बल्कि बारंबार पठनीय और रसास्वाद का निरन्तर आनन्द पाने के लिए।

—पुष्पेश पंत

किस्सागो से पहली मुलाकात का किस्सा

मनोहर श्याम जोशी से पहली मुलाकात की बात इसलिए याद कर रहा हूँ क्योंकि उस जमाने में उनसे मिलना आसान नहीं था। बिना समय लिये उनके पास जाने से उनके कोपभाजन बनने का खतरा रहता था।

कई किस्से थे और मुझे यह कहने में कोई गुरेज नहीं कि उनमें से अधिकांश किस्से सही ही होते थे। सुनने में आता था कि फलाँ प्रोफेसर उनसे जब मिलने गए तो किस तरह उन्होंने उनको बिना समय लिये आने के लिए झाड़ पिलाई और घर के बाहर का रास्ता दिखा दिया या किसी शोधार्थी के अचानक आ जाने पर उन्होंने उसको किस तरह झिड़क दिया।

हालाँकि उन दिनों दिल्ली में साहित्यकार बड़े सहिष्णु माने जाते थे। किसी लेखक से मिलने जाने के लिए फोन भी नहीं करना होता था। आप पहुँच जाइए, लेखक घर में मिल जाते।

लेकिन जोशी जी साहित्यकार होने के साथ-साथ टीवी धारावाहिक भी लिखते थे। एकाध फिल्म भी आ चुकी थी जिसके लेखक के रूप में उनका नाम था। वे लेखन के अलावा कुछ और नहीं करते थे। इसी में ही व्यस्त रहते थे। शायद इसी लिए उनसे मिलना आसान नहीं होता था।

उदय प्रकाश ने एक दिन एक पतला-सा उपन्यास दिया 'स्ट्रीट ऑफ क्रोकोडायल्स'। देते हुए कहा, इसे मनोहर श्याम जोशी के घर देने जाना है। लेखक थे ब्रूनो शुल्ज, जिसके बारे में पहले भी उदय जी कई बार बता चुके थे, कि पोलैंड के इस यहूदी लेखक की महज पचास साल की उम्र में हत्या कर दी गई, कि उसके दो उपन्यासों में उत्तर-आधुनिक उपन्यासों के आरम्भिक बीज मिलते हैं।

यथार्थ में विश्वासों-मान्यताओं के मिश्रण की शैली में लिखे गए उनके उपन्यासों में जादुई यथार्थवाद के दर्शन होते हैं। वे कहते कि उनकी चर्चा नहीं होती, लेकिन उनके पास उनके दोनों उपन्यास हैं और वे उनके माध्यम से उत्तर-आधुनिकता पर कुछ लिखना चाहते हैं, जल्दी ही कुछ लिखेंगे।

हालाँकि उन्होंने ब्रूनो शुल्ज पर कुछ लिखा हो, इसका मुझे ध्यान नहीं आता। ब्रूनो शुल्ज के दूसरे उपन्यास का नाम है 'सैनेटोरियम अंडर द साइन ऑफ द आवरग्लास'।

खैर, जब बात चल रही है तो लगे हाथ यह भी बता दूँ कि एक दिन जब मैंने अशोक वाजपेयी से ब्रूनो शुल्ज की किताबों का जिक्र किया तो वे बोले कि उदय प्रकाश से पूछना कि उसे ब्रूनो शुल्ज के बारे में बताया किसने था?

खैर, ब्रूनो शुल्ज का उपन्यास देते हुए उदय प्रकाश ने कहा कि 'यह उपन्यास जोशी जी को दे देना। आप उनके ऊपर पी-एच.डी. कर रहे हैं तो आपके लिए अच्छा रहेगा कि उनसे मुलाकात भी कर लें।'

उदय प्रकाश का यह प्रस्ताव मुझे अच्छा लगा और सम्मोहक भी। अपने एक प्रिय लेखक से मिलने का मौका जो मिलने वाला था।

कुछ दिन पहले ही मानसरोवर हॉस्टल में उनके लिखे धारावाहिक 'जमीन-आसमान' को नियमित देखने और उसको लेकर अपने सीनियर संजीव जी से चर्चा करने का सिलसिला शुरू हुआ था। वे हमारे आदर्श तो नहीं लेकिन हमारी महत्त्वाकांक्षा के शिखर-पुरुष तो थे ही। केवल 35 साल की उम्र में 'साप्ताहिक हिन्दुस्तान' जैसी लोकप्रिय पत्रिका का सम्पादक बन जानेवाला, 47 साल की उम्र में पहला उपन्यास 'कुरु-कुरु स्वाहा...' लिखकर आलोचकों का ध्यान खींच लेने वाला, 'हमलोग', 'बुनियाद' जैसे धारावाहिक लिखकर टेलीविजन धारावाहिकों के इतिहास में अमर हो जानेवाला, और एक ऐसा इनसान जिसे देखने की हसरत में हमारे घर में टेलीविजन आया, फिलिप्स का ब्लैक एंड व्हाइट, 36 इंच वाला, जो 12 बोल्ट की बैटरी से भी चल जाता था। उसी मनोहर श्याम जोशी से मिलने का मौका था। ब्रूनो शुल्ज के एक उपन्यास 'स्ट्रीट ऑफ क्रोकोडायल्स' के माध्यम से वह मौका मिलने वाला था।

मैं सहर्ष तैयार हो गया।

उदय जी ने जोशी जी का फोन नम्बर दिया। वह लैंडलाइन फोन का जमाना था। वैसे भी मनोहर श्याम जोशी ने अपने जीवन में कभी मोबाइल फोन नहीं रखा।

खैर, मैंने उन्हें फोन किया और उनसे मिलने का समय लिया। समय देने के साथ ही उन्होंने पूरा रास्ता समझाया कि साकेत में उनके घर कैसे पहुँचना है, कौन-सी बस कहाँ से मिलेगी।

बस अड्डे से साकेत 501 नम्बर की बस चलती है, मेरे मानसरोवर हॉस्टल से अन्तरराज्यीय बस अड्डा पास पड़ता है—सबकुछ उनको पता था।

उदय प्रकाश जी ने उन्हें मेरे बारे में यह बता दिया था कि मैं उनके उपन्यासों पर पी-एच.डी. कर रहा हूँ। उस समय मैंने पी-एच.डी. में नामांकन करवाया ही था इसलिए ले-देकर वही एक परिचय बनता था। लेखन के नाम पर कुछ भी ऐसा खास नहीं था कि मैं अपना परिचय एक लेखक के रूप में दे पाता।

जैसाकि पहले भी बताया है, बिना बताए मिलने पहुँच जाने वालों पर कई बार वे प्रकट तौर पर नाराज हो जाते थे। इसका एक कारण यह था कि वे नियम से सुबह दस बजे से शाम पाँच बजे तक लेखन का काम करते थे।

लेखन क्या, वाचन का काम करते थे। वे बोलते जाते, उनका टाइपिस्ट टाइप करता जाता। कभी कोई उपन्यास, कभी कोई कहानी, कोई टीवी धारावाहिक, किसी फिल्म की पटकथा, अखबार या किसी मैग्जीन के लिए लेख। बरसों मैंने उनके लेखन की यही दिनचर्या देखी, जिसमें कभी-कभी ही बाधा आती।

बताता चलूँ कि उनके लिए इन रचनाओं को टाइप करनेवाले शम्भूदत्त सती भी बाद में लेखक बने। इन्हीं शम्भूदत्त सती का एक उपन्यास आगे चलकर भारतीय ज्ञानपीठ से 'ओ इजा' के नाम से छपा।

बहरहाल, उनके घर के पास वाले स्टॉप पर बस से उतरकर जब मैं उनके घर पहुँचा तो वे मेरा इंतजार कर रहे थे। मुझे याद है, शाम के पाँच-सवा पाँच बजे थे। उनकी शाम की चाय का समय यही होता। उस समय वे बहुत अच्छे मूड में होते। खूब कहानियाँ सुनाते। चाय फीकी पीते थे और गुड़ का टुकड़ा अलग से रखते। कुतर-कुतर कर गुड़ खाते और चाय का सिप लेते हुए—इस तरह से इतनी बातें करते कि सामने वाला इस भ्रम में पड़ जाता कि वे उसे अपना अन्तरंग समझने लगे हैं।

मैं उनके घर पहली बार गया था—उस लेखक के घर, जिसे मैं स्कूल के दिनों से ही पढ़ता आया था। पहले 'साप्ताहिक हिन्दुस्तान' के कॉलम 'नेताजी कहिन', फिर बाद में जब कुछ बड़ा हुआ तो सीतामढ़ी के सनातन धर्म पुस्तकालय से उनके उपन्यास 'कुरु-कुरु स्वाहा...' को लाकर पढ़ने की असफल कोशिश की थी।

तब मुझे वे 'केवल वयस्कों के लिए' टाइप के लेखक लगे थे। उस अर्थ में नहीं, जिस अर्थ में 'केवल वयस्कों के लिए' फिल्में होती हैं; बल्कि इस अर्थ में कि उस लेखन को समझ पाना मुश्किल लगा था—कुछ-कुछ दुरूह। उस किताब की मुम्बइया हिन्दी मुझ देहाती की जुबान नहीं चढ़ी।

इस बात से भी चिढ़ हुई कि यह कैसा लेखक है? सीधे-सीधे कुछ कहता ही नहीं है! बाद में पूर्ण वयस्क होने के बाद जब दोबारा 'कुरु-कुरु स्वाहा...' पढ़ा तब उसका आस्वाद ले पाया।

मुझे कई अर्थों में वह उनका सर्वश्रेष्ठ उपन्यास लगता है। भाषा, कहने का ढंग, किस्सागोई, आत्मकथात्मक टुकड़े, समाज का बदलता चेहरा—वह अपनी सम्पूर्णता में है। अपनी कहानी के लिए नहीं, बल्कि कभी अपने पात्रों के लिए तो कभी प्रसंगों के लिए अक्सर ही यह किताब याद आती है।

'कसप' ने भी अपने पहले पाठ में मुझे बहुत प्रभावित किया था। एक गहरा अवसाद मन पर छा गया था। मार्च का महीना था। हिन्दू कॉलेज हॉस्टल के कमरे

में मैं घंटों बत्ती बुझाकर पड़ा रहता—बेबी-डीडी की प्रेम-कहानी के बारे में सोचता हुआ।

कई दिनों तक।

वह 'कसप' का पहला ही पाठ था, जिसका असर यह हुआ कि उस साल बी.ए. फाइनल में मेरा रिजल्ट खराब हो गया। पहले दो साल टॉप करने के बाद उस साल मैं तीसरे नम्बर पर आ गया था।

'हमलोग', 'बुनियाद' के लेखक के रूप में मैं ही क्या, टीवी देखने वाला सारा समाज उनको जानता था।

हाल में ही उनका लिखा और महेश भट्ट द्वारा निर्देशित धारावाहिक 'जमीन-आसमान' का प्रसारण डीडी पर हो रहा था। वे तब भी एक 'सेलिब्रिटी' की तरह लगते थे।

मैं कुछ घबड़ाया हुआ-सा उनके पीछे-पीछे ड्राइंग रूम में घुसा। मध्यवर्गीय मानसिकता का मारा मैं, एक 'सेलिब्रिटी' लेखक के ड्राइंग रूम में घुसते हुए डर रहा था जिनके ऐश्वर्य के किस्से सुने थे। एक-एक एपिसोड के हजारों लेनेवाले लेखक का ड्राइंग रूम पता नहीं कैसा हो?

लेकिन अन्दर जाते ही कुछ भी ऐसा नहीं दिखा जो हमारे मध्यवर्गीय घरों में न होता हो। साधारण सोफे, अतिसाधारण साज-सज्जा। जूते तो मैं साकेत के उस डीडीए फ्लैट के बाहर ही खोल आया था, लेकिन वहाँ के कालीन में भी कुछ ऐसा नहीं था जिसके मेरे जूतों से गन्दे होने का डर हो।

सर्दियों के दिन थे लेकिन तब भी यह मैंने देख लिया था कि कमरे में एसी तक नहीं लगा था। वहाँ बैठते ही मैं सहज होने लगा। लेकिन जोशी जी ने अपनी बातों से और सहज बना दिया। मैंने बैठते ही उनके हाथों में उदय प्रकाश का दिया हुआ ब्रूनो शुल्ज का उपन्यास रख दिया।

पहले उन्होंने मुझसे उस उपन्यास के बारे में पूछा।

सच बताऊँ तो मैंने उपन्यास नहीं पढ़ा था लेकिन उदय प्रकाश ने उसके बारे में मुझे इतना बता दिया था कि उसी जानकारी के आधार पर मैंने उत्तर-आधुनिकता के अपने अधकचरे ज्ञान का छौंक लगाते हुए उन्हें उस उपन्यास के बारे में कुछ-कुछ बताना शुरू कर दिया। जैसेकि यह उपन्यास पारम्परिक नैरेटिव में एक बहुत बड़ा शिफ्ट है कि इसमें आधुनिक तार्किकता को प्रश्नित किया गया है।

वे बड़े ध्यान से सुनते रहे। फिर उन्होंने पूछा, 'प्रभात रंजन जी, आप क्या कर रहे हैं?'

'सर, मैंने उदय प्रकाश की कहानियों पर अपना एम.फिल. खत्म करके अब पी-एच.डी. में रजिस्ट्रेशन करवाया है। शीर्षक है : 'उत्तर-आधुनिकतावाद और मनोहर श्याम जोशी के उपन्यास'। मेरे शोध-निर्देशक हैं सुधीश पचौरी।'

यह सुनकर उनके चेहरे पर किसी तरह का भाव आया हो, मुझे याद नहीं आता। अलबत्ता उन्होंने हिन्दी विभागों में होनेवाले शोधों को लेकर एक कहानी अवश्य सुनाई, जिसमें उनके कहानी-उपन्यासों की तरह ही गहरा व्यंग्य था, खिलन्दड़ापन था और वह सिनिसिज्म, जो बाद में उनके लेखन का एक तरह से स्थायी भाव बन गया था।

मैं थोड़ा निराश हुआ क्योंकि हमें हमारे गुरुओं ने समझाया था कि किसी लेखक की रचनाओं पर शोध करना असल में उस लेखक का कल्याण करना होता है, कुछ-कुछ अहसान सरीखा या उद्धार करना समझ लीजिए। मैं पहले एम.फिल. में उदय प्रकाश का 'कल्याण' कर चुका था, अब मनोहर श्याम जोशी का करने निकला था।

लेकिन उनके इस बेपरवाह अन्दाज से मुझे इस बात का भान हो गया कि इस तरह के 'कल्याण' में उनकी कोई दिलचस्पी नहीं थी। वे तो अपना 'उद्धार' करवाना चाहते ही नहीं थे।

बाद में जाना कि वे इन सब चीजों से परे थे। वे न तो शोध के इतिहास में अमर होना चाहते थे, न ही पुरस्कारों की होड़ में पड़ते थे। हिन्दी के बड़े-छोटे आलोचक-पाठक भी उनको 'बड़ा' उपन्यासकार मानते रहे, लेकिन पूरे जीवन में ठीक-ठिकाने का एक ही साहित्यिक पुरस्कार उनको मिला—'साहित्य अकादेमी'। वह भी जीवन के अन्तिम साल में।

इसी बीच उनकी पत्नी भगवती जोशी, जो तब लेडी श्रीराम कॉलेज में पढ़ाती थीं, खुद चाय लेकर आ गईं।

कुल मिलाकर बहुत ही घरेलू टाइप माहौल लगा। मेरी पढ़ाई-लिखाई के बारे में बात करते रहे। बीच-बीच में कहते, 'आज अच्छे मौके पर आए हो। एक बहुत बड़े आदमी आनेवाले हैं। उनसे तुम्हारी मुलाकात हो जाएगी।'

मैं सोच रहा था कि इतना बड़ा लेखक—टीवी-फिल्मों के ग्लैमर में जीनेवाला लेखक—कह रहा है कि बड़ा आदमी आनेवाला है, तो पता नहीं, कौन हो? इसी लोभ में मैं चाय धीरे-धीरे पी रहा था कि क्या मालूम, अगर चाय समाप्त हो जाय और जोशी जी जाने के लिए कह दें?

आखिरकार 'वे' आए। छोटे कद के कुछ खोए-खोए से।

जोशी जी उठ खड़े हुए। मुझसे कहा, 'जल्दी से उठकर पाँव छुओ, ये वागीश शुक्ल हैं। इतने बड़े विद्वान से मिलने का अवसर मिल रहा है तुमको।'

मैंने उनका लेखन 'पूर्वग्रह' और 'समास' में पढ़ा था। चूँकि उनका लिखा कुछ खास पल्ले नहीं पड़ता था इसलिए हम भी उन्हें 'बड़ा विद्वान' ही मानते थे। उनके कहते ही मैं झट से उठ खड़ा हुआ और वागीश जी के पैरों पर झुक गया।

वागीश जी ने 'खुश रहिए' कहते हुए पूछा, 'कहाँ के रहनेवाले हैं?'

मैंने कहा, 'मुजफ्फरपुर के।'

'तो आप वैशाली के हैं?'

'नहीं, लिच्छवी गणराज्य के,' मैंने जवाब दिया।

वागीश जी चुपचाप मुझे देखने लगे।

मैंने जोशी जी से आज्ञा ली और चलने के लिए पीछे मुड़ गया।

यह वागीश जी से भी मेरी पहली मुलाकात थी।

अब उनका प्रसंग निकल ही गया है तो यह भी बताता चलूँ कि हिन्दी समाज में अपने बहुपठित होने के आतंक से सबको आतंकित कर देनेवाले मनोहर श्याम जोशी जिस एक विद्वान के ज्ञान से आतंकित रहते थे, वे वागीश शुक्ल ही थे। प्रकाश मनु को दिये गए एक इंटरव्यू में जोशी जी ने वागीश जी के लिए कहा है कि वे एक 'लिटररी जायंट' हैं। वे उनका बहुत सम्मान करते थे।

मुझे भी एक बार उन्होंने बताया था कि 'कसप' के बाद उनका अगला उपन्यास 'हरिया हरक्यूलीज की हैरानी' दस साल से भी अधिक के अन्तराल पर आया तो इसके पीछे एक बहुत बड़ा कारण यह भी था कि उन्होंने वागीश शुक्ल के लिखे जा रहे उपन्यास के अंश पढ़ लिये थे। इसके बाद उन्हें डिप्रेशन हो गया। क्योंकि जिस तरह का पांडित्य और लालित्य एक साथ उन्हें वागीश जी के उपन्यास 'अथ याज्ञवल्क्योपाख्यानम' में दिखा, वह हिन्दी में दुर्लभ था।

असल में जोशी जी स्वयं अर्जेंटीनी लेखक बोर्खेस की तरह ऐसा साहित्य लिखना चाहते थे जिसमें गहरा पांडित्य भी हो और रोचकता भी, लेकिन उसमें मार्केज की-सी लोकप्रियता अधिक आ गई। उनको लगा कि वे वैसा नहीं लिख पाएँगे, जैसा वागीश जी ने लिखा है। इसलिए उपन्यास लेखन से वे विमुख हो गए।

खैर, वागीश शुक्ल के इस उपन्यास के कुछ अंश जरूर छपे लेकिन उनका यह उपन्यास अधूरा ही रह गया।

अब बात चल ही रही है तो बता दूँ कि जोशी जी के उपन्यास 'हरिया हरक्यूलीज की हैरानी' और 'हमजाद' का ब्लर्व वागीश शुक्ल ने ही लिखा है, और वह भी बिना नाम के। अपनी लिखी जा रही रचनाओं के बारे में जोशी जी वागीश जी से नियमित चर्चा करने अक्सर शाम में आइ.आइ.टी. कैम्पस चले जाते। दोनों घंटों आइ.आइ.टी. के परिसर में टहलते रहते। जोशी जी के उपन्यास 'कसप' की एक उम्दा समीक्षा वागीश शुक्ल ने भी लिखी है।

बहरहाल, विषयान्तर से वापस अपने विषय पर लौटते हैं :

'फोन करना, तुमसे कुछ काम है,' मैं दरवाजे से बाहर निकल गया था कि पीछे से जोशी जी की आवाज आई।

'जी,' मैंने बाहर से दरवाजा भिड़ाते हुए कहा।

असल में मनोहर श्याम जोशी से मिलने के पीछे एक लोभ यह भी समाहित था कि इतने बड़े पटकथा लेखक हैं, बड़े-बड़े फिल्मकार उनकी तारीफ करते हैं। मैंने रमेश सिप्पी, कमल हासन के इंटरव्यू भी पढ़े थे, जिनमें उन लोगों ने जोशी जी के लेखन की भूरि-भूरि प्रशंसा की थी। तो कहीं न कहीं मेरे भी मन में यह बात थी कि जोशी जी अगर किसी टीवी सीरियल के प्रोड्यूसर से कह दें या किसी फिल्म वाले से तो पटकथा-लेखन में अपना भी नम्बर लग जाए। इसलिए जब उन्होंने कहा कि फोन करना तो मन में तुरन्त यह बात भी आई कि हो न हो, वही बात होगी जो मैं सोच रहा हूँ।

या फिर मुझ अकिंचन से उनको ऐसा कौन-सा काम होगा जो उन्होंने फोन करने के लिए कहा?

हॉस्टल वापस आने के बाद फिर वही पुराना संकोच उभर आया। इतने बड़े आदमी को फोन कैसे करूँ? मन कहता था, कर लो फोन। चलते समय उन्होंने स्वयं कहा था। फोन तक जाता भी था लेकिन तभी याद आ जाता कि उन्होंने हिन्दी विभागों में होनेवाले रिसर्च को लेकर क्या कहा था? फिर कुछ-कुछ डर, कुछ संकोच मन के उस खयाल पर हावी हो जाता। और इसी तरह फोन करना टलता रहा...

खैर, कुछ दिनों बाद ही दिल्ली में अन्तरराष्ट्रीय फिल्म महोत्सव का आयोजन हुआ। उन दिनों अन्तरराष्ट्रीय फिल्म फेस्टिवल का नियमित आयोजन दिल्ली के सीरी फोर्ट में ही होता था। अपने एक दोस्त की कृपा से मुझे एक 'सिल्वर पास' मिल गया, जिसे गले में लटकाए फिल्म वालों के बीच घूमने का अवसर मिल गया। मैंने वहाँ कौन-कौन सी फिल्में देखीं, यह तो याद नहीं लेकिन किन-किन फिल्मकारों से मिला, यह अवश्य याद है।

मेरा एक दोस्त नरेश शर्मा उन दिनों एफ.टी.आइ. से सिनेमाटोग्राफी का कोर्स करके निकला था। उसने फिल्म फेस्टिवल को पूरे 10 दिनों के लिए अपना घर ही बना लिया था। सुबह-सुबह आ जाता, देर रात तक वहीं डोलता रहता। उसी के सौजन्य से अमोल पालेकर के साथ मैंने चाय पी, कुमार शाहनी के साथ फोटो खिंचवाई, और मणि कौल को 'एक्सक्यूज मी' भी कहा। जीवन में पहली बार इस तरह का अनुभव मिला था और उसके एक-एक पल का मैं पूरा लाभ उठा रहा था।

दूसरे या तीसरे दिन वहाँ मनोहर श्याम जोशी मिल गए। गले में बड़ा-सा पास लटकाए अकेले वे एक हॉल की तरफ बढ़े जा रहे थे कि तभी मैं उनकी ओर लपका। मैं हाथ जोड़कर प्रणाम करता कि उन्होंने मुझे पहचान लिया। पहचानते ही कहा, 'तुमने फोन नहीं किया?'

उसके बाद तो मैं बहुत बेतकल्लुफ हो गया। उनके सीरियल 'जमीन-आसमान' के बारे में बात करने लगा। मैंने कहा कि मुझे तो यह सीरियल डोरोथी ईडन के उपन्यास 'दि मिलियनायर्स डॉटर' की कथा से प्रभावित लगा।

उन्होंने कहा कि वैसा नहीं है, बल्कि इसकी कथा का मूल आइडिया हेनरी जेम्स के उपन्यास 'वाशिंगटन स्क्वायर' पर आधारित है। उन्होंने उसका रूपान्तरण भी किया था 'उत्तराधिकारिणी' के नाम से।

बहरहाल, इस तरह की बातें करता हुआ मैं उनके साथ सीरी फोर्ट परिसर में घूम रहा था और लोग उनसे अधिक मुझे देख रहे थे, क्योंकि उन दिनों दिल्ली के कला-सर्किल में जोशी जी का किसी फिल्म स्टार से कम का दर्जा नहीं था। लोग देख रहे थे कि इतने बड़े स्टार के साथ यह लड़का कौन घूम रहा है! मैं और बेतकल्लुफ होता जा रहा था और उनके हालिया प्रकाशित उपन्यास 'हरिया हरक्यूलीज की हैरानी' के बारे में बात करने लगा।

जब अधिक देर हो गई तो उन्होंने अचानक मुझसे पूछा, 'कमल को कहीं देखा है?'

मैं उनका मुँह देखने लगा। वे कमल यानी कमल हासन की बात कर रहे थे।

मेरी वह बेतकल्लुफी जाती रही। जिस बात को उनके साथ बातचीत में मैं भूला हुआ था, वह फिर से याद आ गई। वे एक स्टार थे और मैं हिन्दी विभाग का शोधार्थी। जो नजदीकी मैं उनके साथ महसूस कर रहा था, अचानक वह दूरी में बदलने लगी। उनके एक सवाल ने हमारे बीच एक बड़ी दीवार खड़ी कर दी।

बाद में मैंने महसूस किया कि यह उनके व्यक्तित्व की विशेषता थी—आपसे ऐसे बात करने लगते, जैसेकि आपके बहुत पुराने दोस्त हों और अचानक कुछ ऐसा कह देते कि वे आपको अपने से बहुत दूर लगने लगते—एक महान शख्सियत की तरह।

उस दिन मुझे इस बात का पहला अनुभव हुआ। बिलकुल पहली बार।

'कमल कहीं दिखे तो कहना, मैं हॉल नम्बर-2 में जा रहा हूँ। शो का टाइम हो गया है। और हाँ, कल-परसों में फोन जरूर कर लेना। कुछ काम है तुमसे!' कहते हुए वे हॉल के अन्दर चले गए।

मैं पीछे मुड़ गया। शायद कमल हासन को ढूँढ़ने।

उस दिन मुझे कमल हासन कहीं नहीं दिखे। पूरे फेस्टिवल के दौरान मुझे कमल हासन कहीं नहीं दिखे।

असल में कमल हासन उस साल दिल्ली अन्तरराष्ट्रीय फिल्म फेस्टिवल में आए ही नहीं थे।

सोप ऑपेरा लेखक के करीब

1996 की वह जनवरी मुझे कई कारणों से याद है।

कल या परसों या कब, यह तो याद नहीं मगर मैंने उनको फोन किया था।

मैं उनसे मिला तो था पी-एच.डी. के सिलसिले में ही, लेकिन उनके बार-बार कहने से यह समझ गया था कि बात पी-एच.डी. की नहीं, कुछ और थी।

मन में तरह-तरह के खयाल आ रहे थे। लग रहा था, जैसे मेरी बातचीत से प्रभावित होकर, मेरी प्रतिभा को पहचानकर जरूर वे मुझे टीवी धारावाहिक लेखन का कोई काम दिलवाना चाहते थे।

ऐसा लगने लगा था, जैसे पी-एच.डी. के गुमनामी के दिन जानेवाले थे और लेखन के शोहरत वाले दिन आनेवाले थे। आज का तो पता नहीं लेकिन उन दिनों दिल्ली विश्वविद्यालय के हिन्दी विभागों में अधिकतर शोध अनमने भाव से किये जाते थे। हम कम्पीटीशन की तैयारियाँ हॉस्टलों में रहकर करने के लिए पी-एच.डी. में दाखिला लेते थे। जब कुछ नहीं हो पाता था तब शोध हो जाता था। हम 'कुछ और, कुछ और' की तलाश में भटकते रहते थे। और अन्त में अगर कुछ नहीं बन पाते तो नाम के आगे 'डॉ.' लगाकर ही सन्तोष कर लेते।

मेरा 'कुछ और' तब लेखन था, जबकि सच्चाई यह थी कि उससे पहले मैंने कभी ऐसा कुछ भी नहीं लिखा था कि अपने-आपको लेखक कह पाता। लेकिन मन-ही-मन यही सोचता था, बस, एक बार लेखन शुरू करने की देर है, लेखन की दुनिया ही बदल दूँगा, और यही सोच-सोचकर लेखन का काम मुल्तवी करता जाता था। हाँ, मुल्तवी करते जाने का मतलब यह नहीं था कि मैं अपने-आपको किसी से कमतर लेखक समझता था।

मैंने इसी उम्मीद से जोशी जी को फोन किया कि शायद उन्हें धारावाहिक लिखने के लिए किसी सहायक की जरूरत हो, इसलिए मुझे बार-बार कह रहे हों फोन करने के लिए! मैंने कई लेखकों से पहले ही सुना था कि वे एक समय में इतने धारावाहिक लिखते थे कि उनको कई-कई सहायक रखने पड़ते थे जो उनके लिए घोस्ट राइटिंग किया करते थे। वे सबको खूब पैसे देते थे।

जिन दिनों उनका लिखा और रमेश सिप्पी द्वारा निर्देशित धारावाहिक 'बुनियाद' प्रसारित हो रहा था, तब मैं सीतामढ़ी में रहता था। उसी दौरान मैंने एक अखबार के गॉसिप कॉलम में बाकायदा यह प्रकाशित देखा था कि मनोहर श्याम जोशी को एक एपिसोड लिखने के दस हजार मिलते थे जिनमें से वे उनके लिए लिखने वाले लेखकों को पाँच हजार देते थे। उनके पास इतने प्रोजेक्ट्स होते कि लेखकों की एक पूरी टीम उनके लिए काम करती थी, वगैरह-वगैरह...।

हालाँकि आज तक मुझे एक भी लेखक ऐसा नहीं मिला जिसने कहा हो कि वह असल में मनोहर श्याम जोशी के लिए या उनके नाम से धारावाहिक लिखता था।

मैंने नम्बर डायल किया। फोन उन्होंने खुद उठाया। पहले आवाज पहचानने में दिक्कत हुई। मेरे खयाल से यह दिक्कत हर उस आदमी को होती होगी जो उनके व्यक्तित्व से आकर्षित होकर उनको फोन करता होगा—इतना भारी-भरकम व्यक्तित्व और ऐसी बारीक आवाज! जिस आवाज के बारे में उन्होंने 'कुरु-कुरु स्वाहा...' में लिखा है...।

'हाँ, प्रभात रंजन, ये लो, नम्बर नोट करो...। मिस्टर रश्मिकान्त से बात कर लेना। वे कुछ शोध के बारे में बात करेंगे। अगर शोध-कार्य से समय मिले, करने की इच्छा हो, तो कर लेना। हाँ, बताना, फिर क्या बात हुई! अच्छा, चलो, अभी कुछ जरूरी लिखना है...' कहकर उन्होंने फोन रख दिया।

मैंने हाँ-हूँ भी किया था या नहीं, यह याद नहीं है लेकिन उनकी यह बात याद है।

बाद में यह समझ में आया था कि वे बहुत देर तक बहुत औपचारिक नहीं रह पाते थे। एक बड़े लेखक जैसा गुरु-गम्भीर भाव उनमें नहीं था। उनकी छवि, उनके काम की वजह से बहुत कम लोग उनसे मिल पाते थे, उनके अपने एकान्त में प्रवेश कर पाते थे लेकिन जो कर पाते थे, वे उनकी बेतकल्लुफी के कायल हो जाते थे। हिन्दी में आम तौर पर उसी लेखक को बड़ा माना जाता है जो बहुत गुरु-गम्भीर दीखता हो, लिखता भले न हो।

अब प्रसंग आया है तो इतना और सुनाता चलता हूँ कि सन् 2000 के आसपास, जब मैं महात्मा गांधी अन्तरराष्ट्रीय हिन्दी विश्वविद्यालय में काम करता था, तब विश्वविद्यालय के कुलपति अशोक वाजपेयी थे। उन दिनों दिल्ली में उस विश्वविद्यालय के बहुत सारे कार्यक्रम आयोजित होते थे। अशोक जी की आदत थी, वे हर कार्यक्रम के वक्ताओं की सूची बनाते समय हम जैसे कुछ लोगों से राय लिया करते थे। वक्ताओं की सूची उसके बाद फाइनल करते थे। मैंने कई बार रचना-पाठ या उपन्यास से जुड़े विषयों पर बोलने के लिए मनोहर श्याम जोशी का नाम प्रस्तावित किया। मुझे अच्छी तरह याद है, जब मैंने आखिरी बार मनोहर श्याम जोशी

का नाम लिया था तो अशोक जी ने लगभग झल्लाते हुए कहा था, वे गम्भीरता से नहीं बोलते हैं। हमेशा हँसते-हँसाते रहने वाले की छवि है उनकी।

यह अजीब विरोधाभास है न! गम्भीरता की धूल झाड़ने वाली अपनी जिस शैली के कारण मनोहर श्याम जोशी पाठकों के प्रिय बने, लेखक समाज से उसी वजह से वे हमेशा 'आउट ऑफ कोर्स' बने रहे।

बहरहाल, मैंने मिस्टर रश्मिकान्त को फोन किया। उन्होंने बड़े प्यार और आदर के साथ ग्रेटर कैलाश के अपने दफ्तर में बुलाया। वह जूम कम्यूनिकेशन के मालिक थे।

90 के दशक में भारत में टेलीविजन और प्रसारण की दुनिया में क्रान्ति घटित हो रही थी। दूरदर्शन का एकाधिकार टूट रहा था। नये-नये चैनल लांच हो रहे थे। नई-नई तरह के धारावाहिक, सोप ऑपेरा बनने शुरू हो गए थे। नई-नई प्रोडक्शन कम्पनियाँ खड़ी हो रही थीं।

दिल्ली टेलीविजन का केन्द्र बनता जा रहा था। कहा जाने लगा था कि सिनेमा का केन्द्र मुम्बई रहेगा लेकिन टीवी का केन्द्र तो दिल्ली बन जाएगा। टेलीविजन समाचार भी शुरू हो चुके थे लेकिन तब टीवी समाचारों से जुड़ना अच्छा कैरियर नहीं माना जाता था। फिक्शन यानी धारावाहिकों से जुड़ना ग्लैमरस माना जाता था और होता भी था।

मनोहर श्याम जोशी अपनी दिल्ली के ग्लैमरस लेखक थे। कुछ ही दिनों पहले उनको टीवी लेखन के लिए ओनिडा पिनैकल लाइफटाइम अचीवमेंट अवार्ड मिल चुका था। जोशी जी के बारे में दिल्ली में टीवी की दुनिया से जुड़े लोग यही कहते थे कि अगर कोई धारावाहिक बनाने के बारे में सोचता भी था तो उसके दिमाग में सबसे पहले मनोहर श्याम जोशी का ही नाम आता था। वह सबसे पहले उनसे मिलने का टाइम लेता था।

बहरहाल, रश्मिकान्त और उनकी कम्पनी का एक सीरियल उन दिनों 'होम टीवी' नामक चैनल पर प्रसारित हो रहा था : 'अम्मा एंड फैमिली', जिसे सादिया देहलवी ने लिखा था और जिसमें अम्मा की भूमिका निभायी थी जोहरा सहगल ने।

यहाँ इतना बताना जरूरी है कि होम टीवी तब दिल्ली में टीवी की दुनिया की सबसे बड़ी घटना थी। यह चैनल 1996 में लांच हुआ और 1999 में बन्द हो गया। बाद में दिल्ली न्यूज का गढ़ बनता गया और मुम्बई इंटरटेनमेंट का।

बात जूम कम्यूनिकेशन की हो रही थी। उनकी एक बहुत बड़ी योजना थी। अगले साल यानी 1997 में भारत की स्वाधीनता के 50 साल पूरे हो रहे थे और उसे लेकर बड़ी-बड़ी योजनाएँ बन रही थीं। जूम कम्यूनिकेशन ने अपनी सबसे महत्त्वाकांक्षी योजना शुरू की थी। बीकानेर के एक व्यापारी थे अनिल गुप्त। वे दिल्ली में रहते थे। उर्मिला गुप्त के पति थे जो दूरदर्शन की बड़ी अधिकारी थीं लेकिन हाल ही में उन्होंने दूरदर्शन की नौकरी छोड़कर स्टार टीवी में किसी बड़े पद पर ज्वाइन किया था।

स्टार टीवी की योजना यह थी कि 1997 में आजादी की अर्द्धशती के मौके पर हिन्दी प्रसारण की शुरुआत की जाए। इसके लिए अनिल गुप्त और रश्मिकान्त के जूम कम्यूनिकेशन ने यह योजना बनाई कि मारवाड़ियों के उत्थान, उनके विस्तार को लेकर एक ऐसा धारावाहिक बनाया जाए जिसमें भव्यता, दिव्यता वैसी ही हो जैसीकि मारवाड़ियों ने अपने व्यापार से देश-भर में पैदा की थी और जिसकी वजह से आजादी के पहले-बाद के दौर में यह कहावत मशहूर हुई थी 'जहाँ न पहुँचे बैलगाड़ी, वहाँ पहुँचे मारवाड़ी'!

मनोहर श्याम जोशी मूल रूप से कुमाउँनी ब्राह्मण थे मगर उनका जन्म अजमेर में हुआ था। राजस्थान की संस्कृति से उनका सहज लगाव था, और वे खुद को राजस्थानी ही अधिक समझते थे। अनिल गुप्त और रश्मिकान्त ने मनोहर श्याम जोशी को इस धारावाहिक की योजना समझाई।

सुनकर जोशी जी ने पहला सुझाव यह दिया कि इसके लिए एक रिसर्च टीम बनाई जाए जो कोलकाता, राजस्थान के अलग-अलग शहरों में जाकर मारवाड़ियों की व्यापार-शैली के ऊपर रिसर्च करेगी। फिर उसके आधार पर वे कहानी लिखेंगे।

दोनों ही निर्माता उनकी इस बात के लिए राजी हो गए।

मुझे बताया गया कि 'मारवाड़ी' नाम के उस प्रोजेक्ट के लिए मैं रिसर्च का काम शुरू करूँ। तब इस धारावाहिक की जो वर्किंग फाइल तैयार की गई थी, उसका नाम 'मारवाड़ी' ही रखा गया था।

पहले ही दिन रश्मिकान्त ने पीले रंग की एक फाइल पकड़ा दी, जिसमें यह लिखा हुआ था कि उस धारावाहिक का मूल विचार क्या था, उसके लिए शोध में क्या-क्या करना है। उसके लिए मुझे कहाँ-कहाँ जाने की जरूरत होगी और इसका एक ब्यौरा तैयार करने के लिए आदेश-पत्र भी उसी फाइल में रखा हुआ था।

इस बात की खुशी हो रही थी कि मानसरोवर होस्टल में बैठे-बैठे मुझे मेरे सपनों की दुनिया का प्रवेश-द्वार मिल गया था। अब करना बस यह था कि अपने काम से उस दरवाजे के भीतर प्रवेश करूँ और कामयाबी की अनन्त सीढ़ियाँ चढ़ता चला जाऊँ। तैयारी सारी हो चुकी थी मगर यह सोच-सोचकर धीरे-धीरे घबड़ाहट होती जा रही थी कि काम आखिर होगा कैसे?

उस समय तक विश्वविद्यालय में शोध का रास्ता बड़ा सीधा होता था—विषय चुनिए, पुस्तकालयों में बैठिए, अधिक से अधिक किताबों का चर्बा इकट्ठा कीजिए, और आखिर में पन्ने-भर दीजिए। बस, हो गया। नाम के आगे 'डॉ.' जुड़ जाता।

लेकिन यह तो कुछ ऐसा शोध था जिसके आधार पर देश में मारवाड़ी समुदाय के उत्थान, उनकी कर्मठता, उनकी व्यवसायिक बुद्धि से जुड़े किस्सों को इकट्ठा करना था, और यह काम आसान नहीं था।

मैंने जोशी जी को फोन किया और बताया। साथ में यह भी कहा कि शोध शुरू करने से पहले आपसे मिलना जरूरी है।

उन्होंने अगले ही दिन सुबह मिलने के लिए बुला लिया।

नियत समय पर जब मैं उनके घर पहुँचा तो उन्होंने एक बड़ी सीख दी। बोले, 'देखो, एक चीज शुरू में ही सीख लो। यह जो इंडस्ट्री है, इसमें ग्लैमर बहुत होता है, पैसा बहुत ज्यादा लगता है। जब कोई निर्माता किसी परियोजना को बार-बार बड़ा बताए तो सबसे पहले यह बात समझनी चाहिए कि वह उस परियोजना में बहुत पैसा लगाना चाहता है। अब देखो, वह तुम्हारे शोध-निर्देशक की तरह तो होता नहीं है कि वह तुम्हारे लिखे को पढ़े और बता दे कि तुमने काम किस स्तर का किया है। न भी बताए तो समझ जाए। इस इंडस्ट्री में निर्माता तभी खुश होता है जब उसे काम होता हुआ दिखे। अब यह काम अगर तुम सिर्फ पुस्तकालय में बैठकर करोगे तो निर्माता के मन में यह धारणा बन जाएगी कि तुम अपने काम में अच्छे नहीं हो, और बस, वह उसी समय दूसरे शोधकर्ता की तलाश शुरू कर देगा।

'अभी कहानी का बस मूल विचार यह है कि छपनिया अकाल के बाद दो व्यावसायिक घराने राजस्थान से विस्थापित होते हैं और उन घरानों के माध्यम से ही कथा आगे-पीछे चलती रहेगी। इसमें मारवाड़ियों के कामकाज, उनकी पारिवारिकता, उनके बीहड़ संघर्ष और उनकी परम्पराओं की कहानी होगी। अब इसमें जो कहानी होगी, वही कहानी तुमको मारवाड़ी परिवारों से निकालकर लानी है। फिलहाल शोध के लिए थॉमस एस. टिम्बर्ग की किताब 'द मारवाड़ीज : जगत सेठ टू द बिरलाज' और घनश्याम दास बिरला की जीवनी पढ़ लो, हिन्दी में मिल जाएगी। रामनिवास जाजू ने लिखी है। और हाँ, यात्राओं की योजना बनाओ। सबसे पहले बीकानेर जाओ, वहाँ जाकर यादवेन्द्र शर्मा 'चन्द्र' से मिलना। उसे बताना कि मैं उसे भी बतौर लेखक जोड़ना चाहता हूँ। वह मारवाड़ियों के इतिहास के बारे में खूब जानता है।

'चलो, अब जाओ, मुझे एपिसोड पूरा करना है।'

बाद में उनके सहायक शम्भूदत्त सती मुझे छोड़ने बाहर आए।

घर से बाहर निकलकर अनुपम सिनेमा हॉल के पास एक ठीये पर बैठकर चाय पीते हुए सती जी ने बताया कि जोशी जी उन दिनों 'गाथा' नामक एक धारावाहिक लिख रहे हैं, जिसका निर्देशन रमेश सिप्पी कर रहे हैं। उसकी शूटिंग शुरू होनेवाली है। एक घंटे का एक एपिसोड है। जोशी जी सप्ताह में दो एपिसोड के रफ्तार से लिख रहे हैं। अगले साल आजादी की 50वीं सालगिरह के मौके पर इस धारावाहिक का प्रसारण स्टार टीवी पर होगा।

प्रसंगवश, बताता चलूँ कि 'गाथा' धारावाहिक का प्रसारण स्टार टीवी पर हुआ था जो एक तरह से उनका लिखा और प्रसारित अन्तिम धारावाहिक साबित हुआ।

इसमें एक हिन्दू और एक मुस्लिम परिवार के माध्यम से आजाद भारत की कहानी कहने की कोशिश की गई थी। कहानी 1942 से शुरू होती थी।

'बुनियाद' में मनोहर श्याम जोशी और रमेश सिप्पी की टीम ने सफलता के कीर्तिमान स्थापित किये थे। 'बुनियाद' के बारे में यहाँ तक कहा गया था कि जिस तरह रमेश सिप्पी ने 'शोले' बनाकर भारतीय सिनेमा को हमेशा के लिए एक यादगार निशानी दी, उसी तरह टेलीविजन धारावाहिक 'बुनियाद' को टेलीविजन के इतिहास में एक मील-स्तम्भ की तरह देखा जाएगा। वही टीम एक बार फिर टीवी के लिए एक यादगार धारावाहिक बनाने की कोशिश कर रही थी।

इससे पहले फिल्मों में यह जोड़ी साथ आ चुकी थी। एक फिल्म की शूटिंग शुरू हुई थी 'जमीन' नाम से, मगर फिल्म पूरी नहीं हो पाई थी। दूसरी फिल्म थी 'भ्रष्टाचार', जिसे रमेश सिप्पी ने निर्देशित किया था। इसके लेखक भी मनोहर श्याम जोशी थे। यह फिल्म चली तो नहीं थी लेकिन इसकी चर्चा हुई थी।

इस फिल्म में लेखक के रूप में जोशी जी का दखल कितना अधिक था, इसका अन्दाजा इस बात से लगाया जा सकता था कि इसमें मनोहर श्याम जोशी ने अपने प्रिय अभिनेता अभिनव चतुर्वेदी को एक महत्त्वपूर्ण भूमिका दिलवाई थी। संयोग से यह उसके फिल्मी कैरियर का सबसे बड़ा ब्रेक रहा, जिसके सहारे उसका फिल्मी जीवन कुछ दिनों तक घिसटता रहा और वे बड़ी-बड़ी फिल्मों में छोटी-छोटी भूमिकाओं में आते रहे, फिर उस पर भी ब्रेक लग गया। आज भी वे 'हमलोग' और 'बुनियाद' की भूमिकाओं के लिए ही याद किये जाते हैं।

बहरहाल, चाय पीकर मैंने विदा ली। सपनों में खोया अपने होस्टल की बस पकड़ ली।

जोशी जी ने शोध की दिशा पकड़ा दी थी, अब उनके ऊपर अमल करना था। पहले उन दोनों किताबों की तलाश करनी थी। वह गूगल का जमाना नहीं था इसलिए पुस्तकालयों के अलावा और कोई स्रोत नहीं होता था। मैंने अपने स्रोत से रामनिवास जाजू लिखित बिरला जी की जीवनी के बारे में पता कर लिया और उसे खरीद भी लिया लेकिन थॉमस एस. टिम्बर्ग की किताब 'द मारवाड़ीज : जगत सेठ टू द बिरलाज' कहीं नहीं मिल पा रही थी।

तब कहा जाता था कि टेलीविजन इंडस्ट्री में घुसने की पहली सीढ़ी थी कि आप रिसर्चर बनकर किसी प्रोडक्शन हाउस या चैनल में घुस जाएँ, अपना हुनर दिखाएँ और आगे बढ़ जाएँ। लेकिन मेरा सफर तो पहली सीढ़ी पर रुकता-सा लग रहा था। दिन में थॉमस एस. टिम्बर्ग की किताब की खोज में पुस्तकालयों के चक्कर लगाता और रात में घनश्याम दस बिरला की जीवनी से जरूरी किस्सों के नोट बनाता था।

हफ्ते-भर में उसके नोट्स बनाकर कम्पनी के निदेशक को छाया प्रति दी और मूल प्रति लेकर मनोहर श्याम जोशी के यहाँ पहुँचा। डर भी लग रहा था कि वे कहीं दूसरी किताब के बारे में न पूछ दें।

मेरे नोट्स को सरसरी तौर पर देखने के बाद वे अन्दर कमरे में गए और थॉमस एस. टिम्बर्ग की उस किताब की एक प्रति निकालकर ले आए। मुझे वह प्रति देते हुए बोले, 'इसको भी पढ़कर नोट्स बना लो।'

उस दिन मैंने उनके व्यक्तित्व का एक और पहलू पहचाना। वे ऐसे पेशेवरों में नहीं थे जो अपने सहायकों के ऊपर काम के लिए निर्भर रहते हों, बल्कि वे जिसे अपने काम में सहायता के लिए रखते थे, अक्सर उसके काम में भी मदद करते रहते थे।

जब थॉमस एस. टिम्बर्ग की किताब से मैंने अपनी समझ के मुताबिक नोट्स बना लिये और उनको दिखाने के लिए गया तो उन्होंने उसको सरसरी तौर पर देखते हुए एक तरफ रख दिया। गुड़ के टुकड़े के साथ चाय पीते हुए उन्होंने उस दिन पहली बार 'मारवाड़ी' धारावाहिक को लेकर अपने विचारों का खुलासा किया कि उसके माध्यम से वे कहानी में भारतीय उद्योग जगत के विकास को भी दिखाना चाहते हैं। इसलिए जरूरी है कि आजादी के बाद भारत में सरकारों ने किस तरह समाजवादी नीतियों का निर्माण करते हुए उद्योग जगत को एक तरह से प्रश्रय देने का जो काम किया है, इस पर भी रिसर्च की जाए। उन्होंने पता कर लिया है कि फिक्की की लाइब्रेरी में इसको लेकर काफी किताबें हैं। वहाँ जाकर मैं कुछ नोट्स बना लाऊँ।

उस जमाने में फिक्की पुस्तकालय में रोज 10 रुपये में दैनिक सदस्यता लेकर दिन-भर पुस्तकालय में बैठकर काम करने की सुविधा मिल जाती थी।

जूम कम्यूनिकेशन के जेनरल मैनेजर चन्द्रशेखर तमिल मूल के थे और पेशे से सी.ए. थे। फिक्की में शोध की बात सुनते ही वे उछल पड़े। उन्होंने कहा, 'देखना, इस बार जोशी जी भारतीय पूँजी की बुनियाद खोज कर रहेगा। तुम चिन्ता मत करो।'

उन्होंने मेरे लिए 10 रुपये रोज देकर वहाँ बैठने की व्यवस्था ही नहीं की बल्कि ग्रेटर कैलाश से मंडी हाउस स्थित फिक्की के पुस्तकालय तक आने-जाने के लिए कन्वेयेंस भी पास कर दिया।

दो-तीन दिन तो लाइब्रेरी में शोध चला, फिर ऊब होने लगी। समझ में नहीं आ रहा था कि अब ऐसा क्या खोजूँ जिसे 'मारवाड़ी' के किस्से का हिस्सा बनाया जा सके?

तभी एक रात होस्टल में यू.पी.एस.सी. की तैयारी करनेवाले अपने एक मित्र के पास जी.एस. की गाइड मिली जिसमें इंडियन इकोनॉमी पर जानकारी भर सामग्री थी। अगले दिन से मैं दफ्तर जाता था और वहाँ से फिक्की जाने के बजाय मैं अपने होस्टल वापस आ जाता था। उसी गाइड से नोट्स तैयार करने लगा था। करीब महीने-भर तक यह प्रोग्राम बढ़िया चला।

शोध बढ़िया चल ही रहा था कि एक दिन कम्पनी के एम.डी. रश्मिकान्त ने बुलाकर पूछा कि जितना रिसर्च किया है, सब लेकर आओ।

मैंने करीब 100 पेज फोटोकॉपी में उनके सामने पेश कर दिया।

उसको कुछ देर उलटने-पुलटने के बाद उन्होंने शाबाशी देने के अन्दाज में कहा, 'काम तो तुमने काफी कर लिया है!' इससे पहले कि मैं खुश होता, उनके अगले सवाल ने मुझे गम्भीर बना दिया, 'जोशी जी ने कहानी पर काम शुरू किया?'

अब मुझे यह डर सताने लगा कि अगर जोशी जी ने कहानी नहीं लिखी तो मेरी इस नौकरी का क्या होगा? दूसरा डर यह था कि अगर एक बार उन्होंने कहानी लिख दी तो मेरा क्या होगा? मैं रिसर्चर था। रिसर्च का काम खत्म होने के बाद कहानी का काम शुरू हो जाता और मुझे फिर से पी-एच.डी. के शोध में जुट जाना होता...।

मैं इस दोहरे डर के साथ जोशी जी से मिला। मैं उनसे कुछ कह तो नहीं सकता था लेकिन इशारों-इशारों में मैंने उनसे कहानी के बारे में पूछा। अपना यह डर भी बताया कि अब तक मैंने जो शोध किया है, उसको रश्मिकान्त ने देखकर शाबाशी तो दे दी है, मगर...।

जोशी जी ने ध्यान से सुना और कहा, 'कल सुबह आ जाओ। इसका काम शुरू करते हैं। अब से तुम इस कहानी में मेरी सहायता करोगे—स्टोरी डेवलपमेंट में...।'

मैं रिसर्चर से लेखक होने जा रहा था : एक बड़े सोप ऑपेरा का। रात-भर इस बेचैनी ने नींद को इधर से उधर करवट लेने में बदल दिया। सुबह होस्टल में नाश्ता किया, लंच पैक करवाया और बस अड्डे जाकर 501 नम्बर की बस पकड़ ली।

जब उनके घर पहुँचा तो मैंने पाया कि वे मेरे शोध के कागजों को फैलाए कुछ देख रहे थे। मुझे देखते ही बोले, 'कागज उठाओ और लिखना शुरू कर दो।'

उसके बाद उन्होंने धूपिया परिवार की कहानी सुनानी शुरू की, जो छपनिया अकाल के बाद राजस्थान से देसावर पर निकले और कोलकाता पहुँच गए। धीरे-धीरे वह परिवार देश का प्रमुख उद्योगपति परिवार बना।

कहानी की शुरुआत होनेवाली थी उस परिवार के मुखिया के 80वें जन्मदिन से। उस दिन परिवार के मुखिया यह घोषणा करनेवाले थे कि अब वे काशी वास पर जाएँगे।

उनके तीन बेटे, मृत चौथे बेटे की विधवा पत्नी, पोते-पोती—सब उस दिन जुटने वाले होते हैं।

उस दिन धूपिया सेठ अपनी वसीयत की घोषणा करने के बाद अगली सुबह बनारस में अपने पिता की बनाई हवेली में शेष जीवन काटने के लिए जानेवाले होते हैं।

पार्टी अपने चरम पर होती है कि अचानक एक नौजवान आता है और सबके चेहरे पर हवाइयाँ उड़ने लगती हैं।

मुझे याद है कि यहाँ आकर उन्होंने कहा, 'कहानी अब यहाँ से आगे तुम डेवलप करो। देखता हूँ, 'क्या बनाते हो!'

कहानी डेवलप करने के कुछ नुस्खे भी उन्होंने दिये। सबसे पहला यह कि 'कहानी को हमेशा वर्तमान काल में सोचना चाहिए। फिल्म और टीवी के लिए लिखते हुए यह जरूरी है कि आप जो भी लिखें, पहले उसे मन के परदे पर घटित होता हुआ महसूस करें।'

दूसरा सूत्र यह था कि 'यह कहानी एक ऐसे धारावाहिक के लिए लिखी जानेवाली है जो 100 से अधिक एपिसोड तक चलेगी। इसलिए कहानी में हमेशा आगे के लिए सूत्र छोड़ते जाना। फिर, कहानी को सम्पूर्णता में मत सोचना, हमेशा एपिसोड रूप में, क्रमिक रूप में, आगे की तरफ बढ़ते हुए सोचना और अन्त में, सबसे जरूरी बात यह कि पहला एपिसोड इतना धमाकेदार, इतना नाटकीय मत लिखना। कहानी को इतनी ऊँचाई पर मत ले जाना कि दर्शक हर एपिसोड में उस ऊँचाई की तलाश करें। हर एपिसोड में कहानी को उतना नाटकीय बनाना सम्भव नहीं हो सकता, इसलिए दर्शकों को सीरियल से निराशा हो सकती है। अपने लेखन की जितनी सीमा हो, कहानी को उसी के मुताबिक नाटकीय बनाना बेहतर और सुरक्षित तरीका है।'

कहानी आगे बढ़ाने के सूत्र समझाते हुए उन्होंने एक किस्सा सुनाया जो राज कपूर से सम्बन्धित था।

मनोहर श्याम जोशी ने अपनी कुछ भेंटवार्ताओं में इस बात का उल्लेख किया था कि राज कपूर ने अपने आखिरी दिनों में एक फिल्म बनाने की घोषणा की थी, जिसका नाम था : 'घूँघट के पट खोल'।

उन्होंने बताया कि राज कपूर जब स्टोरी सिटिंग करते थे तो वे कुछ दृश्य बताते थे। जैसे उन्होंने उनको तीन दृश्य सुनाए : एक आदमी अपने जीवन का सबसे बड़ा सम्मान पाकर ट्रेन में चढ़ता है। ट्रेन चलते-चलते एक स्थान पर रुक जाती है। वह आदमी पूछता है कि ट्रेन कहाँ रुकी है। जवाब मिलता है—नो व्हेयर! जवाब सुनते ही वह उठता है और यह कहते हुए उतर जाता है कि यहीं तो उसे जाना था। वह आदमी वहाँ क्यों उतर गया?

दूसरा सीन था कि एक साधू एकतारा पर कुछ बजाते हुए गाता जा रहा है कि एक बड़ी-सी हवेली की खिड़की खुलती है। एक महिला उसे देखती है और फिर आँसू पोंछते हुए खिड़की बन्द कर लेती है। वह साधू कौन था और उस महिला ने उसकी आवाज सुनकर खिड़की क्यों खोली और फिर आँसू पोंछते हुए बन्द क्यों कर ली?

तीसरा, एयरपोर्ट पर एक महिला एक बुक शॉप के पास एक मैगजीन के कवर पर छपी फोटो को देखकर रुक जाती है, फिर मैगजीन खरीदती है। आगे लाउंज में

बैठकर उसे थोड़ी देर तक उलटती-पुलटती है, फिर इधर-उधर देखती हुई मैगजीन वहीं छोड़कर उठ जाती है। वह महिला कौन थी और मैगजीन के कवर पर किसकी तस्वीर को देखकर वह बेचैन हो गई थी? आखिर वह मैगजीन छोड़कर क्यों उठ गई?

इन तीन दृश्यों के साथ राज कपूर ने उन्हें बताया कि फिल्म की कहानी मोटे तौर पर इन्हीं सूत्रों से निकलनी चाहिए और इस तरह से आपस में जुड़ जानी चाहिए कि एक कामयाब फिल्म उसके ऊपर बनाई जा सके।

जोशी जी ने बताया कि उसके बाद उन्होंने एक कहानी लिखी और राज कपूर ने उसके ऊपर फिल्म बनाने की घोषणा भी की : 'घूँघट के पट खोल'!

बाद में मैंने मधु जैन की किताब 'कपूर्स : द फर्स्ट फैमिली ऑफ इंडियन सिनेमा' में इसके बारे में पढ़ा भी। मधु जैन ने लिखा है कि रणधीर कपूर के निर्देशन के लिए राज कपूर एक अच्छी फिल्म का चुनाव करना चाहते थे। पहले बी.बी. भल्ला की एक कहानी पर रणधीर कपूर फिल्म बनाना चाहते थे लेकिन राज कपूर को वह फिल्म पसन्द नहीं आई। जब 'बुनियाद' के लेखक के रूप में मनोहर श्याम जोशी का नाम प्रसिद्ध हो गया तो रणधीर कपूर ने उनसे कहानी लिखने का आग्रह किया था। हालाँकि, बाद में यह उनकी कई ऐसी फिल्मों की सूची में शामिल हो गई जो कभी नहीं बन पाईं।

बहरहाल, इस लम्बी कहानी को सुनाने के बाद उन्होंने कहा, 'आज से इस प्रोजेक्ट का नाम 'मारवाड़ी' नहीं होगा। इस धारावाहिक का नाम होगा : 'शुभ लाभ'! अब जाओ, कहानी आगे बढ़ाकर लाना...'

मैं शीर्षक से ही मुग्ध था : 'शुभ लाभ'! उत्तर भारत में एक तरह से गोला-गद्दी, किराना भंडार, जेनरल स्टोर की कोई भी दुकान बिना 'शुभ लाभ' लिखे नहीं चलती थी।

अगले दिन जब मैंने ऑफिस में जाकर बताया कि जोशी जी ने नाम फाइनल कर लिया है 'शुभ लाभ', तो सबके चेहरे पर आनेवाले काम की खुशी तैरने लगी। सब उत्सुक हो गए थे। जब नाम ऐसा है तो सीरियल की कहानी कैसी होगी?

चन्द्रशेखर ने कहा, 'तुमने फिक्की में फाइव ईयर प्लान विकेन्द्रीकरण को लेकर जो रिसर्च किया था, हो सकता है, उसे पढ़ते-पढ़ते ही उनके मन में यह नाम क्लिक कर गया हो!'

मेरी एक असुरक्षा दूर हो गई थी। अब रिसर्चर से मैं कहानी के डेवलपमेंट के काम से जुड़ गया था यानी मेरी नौकरी को फिलहाल कोई खतरा नहीं था। लेकिन दूसरी असुरक्षा शुरू हो गई—अब कहानी आगे कैसे बढ़े? मैंने तो कभी कुछ लिखा ही नहीं था। लेखक बनकर छा जाने की तमन्ना तो बहुत थी लेकिन सच्चाई यही थी कि कभी अपने लिए भी मैंने कोई कहानी नहीं लिखी थी।

कहानी बनाने, आगे बढ़ाने के ऊहापोह के बीच उनके सहायक शम्भुदत्त सती ने बताया, 'जोशी जी मुम्बई जा रहे हैं। 'गाथा' की शूटिंग शुरू होनेवाली है। लौटकर अब 'शुभ लाभ' का काम करेंगे। आप तैयार हो जाओ। कुछ पन्ने भर लो और तैयार रहो, नहीं तो वे बहुत नाराज हो जाएँगे।'

जब बात सिर पर आ गई तो मैंने दो-तीन रात लगाकर धूपिया परिवार की उनकी सुनाई कहानी में कुछ सूत्र जोड़ने की कोशिश की और करीब 30-35 पन्ने हाथ से लिख डाले।

क्या लिखा था, यह तो याद नहीं लेकिन बाद में आनेवाले एक नौजवान की जो कहानी उन्होंने सुनाई थी, जिसके आते ही सबके चेहरे की रंगत बदलने लगती है, उसकी कहानी में मैंने सूत्र जोड़े थे कि वह सेठ जी के अतीत के जीवन से जुड़ी एक स्त्री का पौत्र था, जिसने उसके माध्यम से उनको जन्मदिन की बधाई भेजी थी। बरसों बाद उस परिवार के लड़के को, वह भी ऐन उस दिन जिस दिन कोई खास घोषणा होनेवाली थी, वहाँ पाकर सभी चौंक उठते हैं।

इसको मार्क करके उन्होंने रख लिया और कहानी लिखवाने का काम शुरू करवा दिया।

मनोहर श्याम जोशी को पीरियड धारावाहिक का सबसे माहिर लेखक माना जाता था। तब ऐतिहासिक धारावाहिकों का जमाना नहीं आया था। लेकिन 'बुनियाद' की एक बहुत बड़ी खासियत यह भी मानी गई थी कि उसके दृश्यों में विभाजन के पहले का लाहौर और विभाजन के तत्काल बाद की दिल्ली साकार हो गई थी। हालाँकि, उस धारावाहिक में रिसर्च की क्रेडिट पुष्पेश पंत को दी गई थी।

इसी तरह कृष्णा सोबती को भी उस धारावाहिक में क्रेडिट दी गई है। उन्होंने उस धारावाहिक की पंजाबियत को अचूक बनाने में मदद की थी।

यह उनकी एक और विशेषता थी जिसके बारे में मुझे बाद में समझ में आया कि उनके पास जो भी व्यावसायिक प्रोजेक्ट आते थे, उनमें वे अनेक लेखकों को जोड़कर उस पर काम करना चाहते थे।

खैर, यशपाल की पत्नी प्रकाशवती पाल के साथ इस बात को लेकर विवाद भी हुआ था कि 'बुनियाद' की कहानी यशपाल के उपन्यास 'झूठा सच' से प्रेरित थी। बहरहाल, लोग आज सारे विवादों को भूल चुके हैं और उनको बस यही याद है कि 'बुनियाद' को मनोहर श्याम जोशी ने बड़े विश्वसनीय तरीके से लिखा था।

पीरियड फिल्म या धारावाहिक में किसी बीते हुए कालखंड को परदे पर साकार किया जाता है। उसमें शोध जितना प्रामाणिक होता है, परदे पर कहानी उतनी ही विश्वसनीय लगती है। मुझे इसका थोड़ा-बहुत अनुभव हुआ 'शुभ लाभ' के दौरान।

मैंने एक सीन में यह लिखा कि नायिका अपने पार्कर पेन से लिख रही थी। 20वीं शताब्दी के आरम्भिक वर्षों का सीन था।

उन्होंने टोक दिया था। गूगल बाद के दौर में यह सूचना मामूली हो सकती है लेकिन उससे पहले के दौर में यह ज्ञान था। उन्होंने बताया था कि भारत में पहले वाटरमैन पेन आया था। पार्कर बाद में आया। दरअसल फाउंटेन पेन की शुरुआत वाटरमैन ने की थी। पार्कर नामक कम्पनी ने फाउंटेन पेन का निर्माण बाद में शुरू किया था।

मैं तब उनकी इस तरह की टोकाटोकी के बाद अक्सर यह सवाल करता था कि इतनी बारीक बात कौन समझेगा?

वे जवाब में यही कहते थे कि अगर कोई समझ जाएगा तो सोचो, लेखक के रूप में मेरी क्या साख रह जाएगी?

बाद में जब समझ कुछ अधिक विकसित हुई तो यह बात समझ में आई कि टीवी और फिल्म के लिए लिखते हुए भी उन्होंने कभी ऐसा कुछ नहीं लिखा जो इतिहास-सम्मत न हो। वे मनोरंजन में ज्ञान मिलाने के कायल थे।

अभी हाल में मैंने उनकी किताब 'बातें-मुलाकातें : आत्मपरक-साहित्यपरक' में उनका एक अनाम लेकिन लम्बा साक्षात्कार पढ़ा, जिसमें एक सवाल के जवाब में उन्होंने कहा है, 'जनता छाप और इंटेलेक्चुअल छाप, दोनों चीजें पढ़ने और लिखने में मुझे रस आता है। यों इसके चलते मेरी जनता छाप कृतियों में भी थोड़ी-बहुत साहित्यिकता है और साहित्यिक कृतियाँ भी इस माने में जनताछाप हैं कि अपनी तमाम इंटेलेक्चुअलता (नागर जी का शब्द) के बावजूद पठनीय हैं।'

इधर धारावाहिक के एपिसोड लिखे जा रहे थे, उधर रश्मिकान्त उसके निर्देशक को लेकर भागदौड़ कर रहे थे। उन्होंने गोविन्द निहलानी से बात की थी और उनकी मनोहर श्याम जोशी के साथ मीटिंग भी हो चुकी थी।

सारी तैयारियाँ हो चुकी थीं। लेकिन 'शुभ लाभ' का वही हश्र हुआ जो उनके करीब दो दर्जन धारावाहिकों और करीब आधा दर्जन फिल्मों के साथ पहले हो चुका था। उसकी शूटिंग शुरू होती कि उससे पहले ही स्टार प्लस के सीईओ रतिकान्त बासु ने 'शुभ लाभ' को 'ना' कर दिया।

उसके पीछे का कारण भी स्वयं मनोहर श्याम जोशी ही थे। चैनल के पास मनोहर श्याम जोशी के लिए दो बड़े सोप ऑपेराओं के प्रस्ताव थे। पहले के निर्देशक रमेश सिप्पी थे, दूसरे के निर्देशक का नाम फाइनल नहीं हुआ था। प्रोडक्शन हाउस भी नया-सा था। रतिकान्त बासु ने पेशेवर फैसला लिया। उनका फैसला यह था कि 'बुनियाद' बनाने वाली जोड़ी रमेश सिप्पी और मनोहर श्याम जोशी की शहकार 'गाथा' को हरी झंडी दी जाए और साथ में, हिन्दी के नये दर्शकों के लिए 'बुनियाद' का पुन:प्रसारण किया जाए।

आर. बासु दूरदर्शन के कार्यकारी महानिदेशक रह चुके थे, और स्टार टीवी के हिन्दी प्रसारण में वही जादू जगाना चाहते थे। लेकिन एक ही लेखक के लिखे कई धारावाहिक प्रसारित किये जाएँ, यह विचार उन्हें पेशेवर नहीं लगा। हो सकता है कि वे सही सोचते रहे हों!

मनोहर श्याम जोशी उस जमाने के सोप ऑपेरा राइटर थे जिस जमाने में टेलीविजन प्रसारण पर दूरदर्शन का एकाधिकार था। चैनलों के विकल्प नहीं थे। एक ही चैनल था। जो दिखाया जाता था, उसको न देखने का विकल्प दर्शकों के पास नहीं होता था। इसलिए उस दौर के अधिकतर दर्शकों से बात करने पर पता चलता है कि उन्हें अधिकतर धारावाहिकों के नाम याद हैं—'हमलोग', 'बुनियाद', 'खानदान', 'रामायण', 'महाभारत', 'ये जो है जिन्दगी', 'मुंगेरीलाल के हसीन सपने', आदि-आदि...।

यह कहानी बाद में, फिलहाल 'शुभ लाभ' की कहानी...!

'शुभ लाभ' का सारा शोध, सारी कहानी रह गई। लेखक-निर्माता के रिश्ते खराब होने लगे और मेरी वह नौकरी जाती रही। टीवी लेखक बनने का सपना उस समय पूरा नहीं हो पाया। मैं डीयू में एक बार फिर से पूर्णकालिक शोधार्थी बन गया। यू.जी.सी. की फेलोशिप मिलने लगी थी इसलिए आर्थिक मुश्किल उतनी नहीं थी।

बहरहाल, जोशी जी के यहाँ आने-जाने का सिलसिला शुरू हो गया था। बीच बीच में कई बार उनसे 'शुभ लाभ' को लेकर बात हुई। वे मन बना रहे थे कि एक उपन्यास मारवाड़ी समुदाय के ऊपर भी लिख लिया जाए। वे अजमेर में पैदा हुए थे। लम्बे समय तक बिड़लाओं की कम्पनी 'हिन्दुस्तान टाइम्स' में सम्पादक रह चुके थे। कई बार उन्होंने कहा कि इतना सारा शोध है, मैंने इतनी मेहनत की है कहानी बनाने में, इसे वेस्ट नहीं जाने देना चाहिए। उस दौरान उन्होंने मुझे कई बार इसके लिए उकसाया कि जो मेरा शोध है, उसे मैं कथा-रूप देना शुरू कर दूँ। एक बार तो यहाँ तक कहा कि 'सह-लेखक के रूप में तुम्हारा नाम इसमें दूँगा। तुम लिखना शुरू करो। बाद में मैं उसकी राजस्थानी परिवेश की प्रामाणिकता देख लूँगा।'

लेकिन पता नहीं क्या था कि उस दौरान मुझे लेखन के जितने मौके उन्होंने या कमलेश्वर जी ने दिलवाए, मैं कोई भी काम कर ही नहीं पाया। 'शुभ लाभ' का भी वही हश्र हुआ। वे उपन्यास की योजना पर काम करने की सोचते ही रह गए, मैंने एक भी पन्ना लिखा ही नहीं।

जोशी जी के पास भी उस दौर में लेखन का कोई व्यावसायिक काम नहीं था। उस उपन्यास की चर्चा कई बार होती रही। इसी बीच अलका सरावगी का मशहूर उपन्यास 'कलि कथा वाया बाईपास' प्रकाशित हुआ और बेहद पसन्द किया गया। उस उपन्यास के केन्द्र में भी मारवाड़ी समुदाय ही था और जोशी जी को तो वह

उपन्यास पसन्द था ही, मुझे भी लेखक बनने की प्रेरणा उसी उपन्यास और उसकी असाधारण सफलता से मिली।

आज प्रचार-प्रसार का युग है। सोशल मीडिया एकदम अनजान लेखकों को प्रतिष्ठित, लोकप्रिय बना देता है। उस जमाने में कोई माध्यम नहीं होता था। तब भी 'कलि कथा वाया बाईपास' एक कल्ट नॉवेल बना। उसका फ्रेंच, इटालियन, स्पेनिश भाषाओं में अनुवाद हुआ। फ्रेंच में उसको वहाँ के प्रतिष्ठित प्रकाशक 'गालीमार' ने छापा। सब कुछ किसी करिश्मे की तरह घटित हुआ था।

कुल मिलाकर, बात यही है कि 'शुभ लाभ' एक भूली कहानी बन गई। वे अपने किसी नये प्रोजेक्ट में लग गए और मैं अपने शोध को पूरा करने में।

मेरे गाइड सुधीश पचौरी का दबाव था कि जल्दी से जल्दी पी-एच.डी. खींच दूँ। इससे आगे नौकरी में सुविधा होगी। उन्होंने एक दिन व्यावहारिक रूप से सुझाया भी कि ज्यादा कुछ मत सोचो, मन में 200 पन्नों को पूरा करने का ध्यान रखो, बस। बाकी बाद में एक अच्छी किताब लिख लेना जोशी जी पर। बहुत समय पड़ा है।

और अन्त में जीत पचौरी साहब की ही हुई।

एक दिन जब जोशी जी के घर गया तो उन्होंने फीकी चाय की घूँट लेने से पहले गुड़ का टुकड़ा तोड़ते हुए कहा, ''शुभ लाभ' पर तुमने इतनी मेहनत की लेकिन काम अधूरा ही छोड़ दिया। मुझे ऐसा लगता है न, कि तुम लिखनेवाले एक बड़े लेखक बनने वाले हो...'

उसके बाद, मुझे याद है, जब मैं पुनः जोशी जी से मिलने गया तो वे हँसने लगे। उन्होंने 'कलि कथा वाया बाईपास' की भूरि-भूरि प्रशंसा की और कहा कि अब मारवाड़ी समुदाय पर दोबारा इतना अच्छा कथात्मक साहित्य नहीं लिखा जा सकता है।

'जीवन में संयोग भी होते हैं,' कहते हुए वे दूसरे कमरे में चले गए।

आए तो उनके हाथ में जेम्स रेडफिल्ड का उपन्यास 'द सेलेस्टिन प्रोफेसी' था। कहा, 'यह उपन्यास आजकल बहुत चर्चा में है। इसमें लेखक ने लिखा है कि जीवन में अक्सर संयोग शृंखलाबद्ध रूप से घटित होते हैं।'

मैंने बाद में इस पर सोचा तो यह समझ में आया कि एक जमाने में टीवी धारावाहिकों की दुनिया के सबसे बड़े लेखक माने जाने के बावजूद उन दिनों वे जो भी धारावाहिक लिख रहे थे, संयोग से वे परदे पर नहीं आ पा रहे थे।

जनवरी, 1996 को याद करने की एक और वजह भी है। उसी साल मुझे फिल्म फेस्टिवल में एक लड़की ने कहा था, 'बड़े-बड़े देशों में ऐसी छोटी-छोटी बातें होती ही रहती हैं!' वह 'दिलवाले दुलहनिया ले जाएँगे' की दीवानगी के दिन थे।

वह मेरी पहली प्रेमिका थी जिसने मुझे उसी साल आखिरी बार अलविदा कहा था।

जनता छाप इंटेलेक्चुअलता का लेखक

'इंटेलेक्चुअलता' अमृतलाल नागर का शब्द है। जोशी जी उन्हें अपना पहला कथा-गुरु मानते थे। मुझे याद है, शुरुआती मुलाकात में ही उन्होंने बताया था कि वे एक कहानी लिख रहे हैं जिसका शीर्षक है : 'टचवुड'। कहानी एक ऐसे आदमी के बारे में है जो इतना भाग्यशाली है कि उसे देखने-मिलने वाले देखते ही कह उठते हैं : 'टचवुड'!

उन दिनों सच बताऊँ तो मैं पूरी तरह से उनके व्यक्तित्व से सम्मोहित था। वे जो भी कहते, जो भी लिखते, उसके कुछ बड़े मानी ढूँढ़ने लगता। अक्सर सोचता था, इसका क्या मतलब होगा? कैसी कहानी होगी?

होस्टल में मैं अपने सीनियर संजीव जी को अक्सर इन सबके बारे में बताया करता था। इस कहानी को सुनकर उन्होंने कहा कि कोई उत्तर-आधुनिक कहानी होगी।

तब मुझे उत्तर-आधुनिकता की कोई समझ नहीं थी और मजेदार बात यह थी कि दिल्ली विश्वविद्यालय में मेरे शोध के लिए जो विषय स्वीकृत हुआ था, उसका शीर्षक था : 'उत्तर-आधुनिकतावाद और मनोहर श्याम जोशी के उपन्यास' और मेरे शोध-निर्देशक थे हिन्दी में उत्तर-आधुनिकता के सबसे बड़े आचार्य सुधीश पचौरी।

विचार करने का सारा का सारा काम मैंने उनके ऊपर छोड़ दिया था और उत्तर-आधुनिकता का मतलब यही समझता था कि जो बात ठीक से समझ में न आए, वह 'उत्तर-आधुनिकता'। जो बात लीक से कुछ हटकर लगे, वह 'उत्तर-आधुनिकता'।

असल में यह हिन्दी आलोचना का संकट है। हिन्दी के आलोचकों ने पश्चिम के मॉडल उधार लिये और उनमें ही अपनी भाषा और लेखकों को फिट करने की कोशिश की। इससे न तो हिन्दी आलोचना का भला हुआ और न ही रचनाओं के साथ न्याय ही।

बहरहाल, सिर्फ शीर्षक से हम इस नतीजे पर पहुँच चुके थे कि यह एक ऐसी कहानी तैयार होनेवाली है जो हिन्दी में उत्तर-आधुनिकता की मिसाल होगी। महीने-दो महीने गुजरते, उनके यहाँ आते-जाते, उनसे बातें करते। मुझे जोशी जी को लेकर एक दीवानगी-सी हो गई थी, जो शायद हम सबमें ऐसी उस शख्सियत के लिए आ

जाती है जो हमारे पसन्दीदा क्षेत्र का सफल व्यक्ति होता है। तो मेरे साथ भी यही हुआ था। मैं लेखक बनना चाहता था और वे मेरे लिए साहित्य की दुनिया के सबसे बड़े सितारे।

खैर, मैं यह कहना चाह रहा था कि धीरे-धीरे उस दीवानगी में कमी आने लगी थी। शुरू-शुरू में लुभानेवाली उनकी सहजता, उनका सादापन अब बहुत जाना-पहचाना-सा लगने लगा था। बिलकुल वैसा ही जाना-पहचाना अनुभव, जो अक्सर हम अपने घर के बड़े-बुजुर्गों में देखते हैं।

अब मैं एक दीवाने की तरह उनकी रचनाओं को नहीं पढ़ता था बल्कि उनके व्यक्तित्व से, उनकी पृष्ठभूमि से जोड़कर उनको पढ़ता था।

तो करीब महीने-भर बाद मैंने उनसे उस कहानी के बारे में पूछा तो कुछ देर तक मेरी तरफ देखने के बाद उन्होंने यह जवाब दिया, 'असल में 'टचवुड' नामक वह कहानी अब नये सिरे से लिख रहा हूँ जिसका शीर्षक फिलहाल है : 'मेडा शर्म भी तू, मेडा शान भी तू'!'

अब मेरे लिए यह नई गुत्थी थी। इसका क्या मतलब ? उन्होंने कुछ बताया था कि असल में इस कहानी का जो मुख्य पात्र है, वह मुल्तान का है। मुल्तान के सूफियों के कलाम खूब गाए जाते हैं। एक जमाने में मुल्तान सूफी संगीत का केन्द्र था। पंजाबी भाषा के प्रथम कवि माने जाते हैं बाबा फरीद। उनका ताल्लुक भी वहीं से था। उनकी पंक्तियाँ हैं :

मेडा धर्म भी तू, मेडा भरम भी तू,
मेडा शरम भी तू, मेडा शान भी तू!

अब मैं इन्तजार करने लगा कि 'मेडा शर्म भी तू, मेडा शान भी तू' कहानी पूरी हो जाए और मैं उसका पहला पाठक बन जाऊँ।

वह सोशल मीडिया का जमाना नहीं था। आज तो देखता हूँ कि असगर वजाहत जैसे वरिष्ठ लेखक भी फेसबुक पर पोस्ट लिखते हैं और बाद में उन किस्सों की किताब प्रकाशित करवा लेते हैं। यह कोई बुरी बात नहीं है।

असल में उन दिनों इस तरह के किसी माध्यम के न होने के कारण बड़े से बड़े लेखक भी ऐसे पाठक की आस में रहते थे जो उनकी रचनाओं को पढ़ने, उनके ऊपर सम्मति देने के योग्य हो। लेखकों की अपनी मित्र मंडली या शिष्य मंडली हुआ करती थी। जोशी जी की ऐसी कोई मंडली नहीं थी। इसलिए वहाँ मुझे जगह मिल चुकी थी।

अभी मेरी दिलचस्पी सिर्फ 'मेडा शर्म भी तू, मेडा शान...' कहानी पूरी होने में थी। अब उस कहानी का पहला पाठक बनकर होस्टल में अपने अग्रज लेखक संजीव जी को जलाना चाहता था। आखिर वे जोशी जी के 'बड़े वाले फैन' जो थे!

मैंने बताया न कि मैं दिल्ली विश्वविद्यालय में शोध कर रहा था। सच बताऊँ तो हिन्दी जैसे विषय में शोध करने में कुछ खास करना नहीं होता। मेरे जैसे विद्यार्थी जिनको फेलोशिप मिलती थी, वे इसलिए शोध करते रहने का उपक्रम करते रहते थे ताकि पाँच साल तक फेलोशिप मिलती रहे। इसलिए बीच-बीच में मैं शोधकार्य में व्यस्त हो जाने के बहाने गायब हो जाता था। इससे जोशी की नजर में मेरी पढ़ाकू की छवि भी बनी रहती थी।

कई बार लम्बे समय तक उनसे मिलना नहीं हो पाता था।

करीब एक महीने बाद एक दिन 'सारिका' पत्रिका में प्रकाशित उनके एक लम्बे इंटरव्यू के बारे में उनसे फोन पर पूछा तो उन्होंने कहा, 'आ जाओ, उसकी प्रति है मेरे पास।'

अगले दिन शाम के पाँच बजे जब उनके यहाँ पहुँचा तो उन्होंने पहले मुझे उस इंटरव्यू की प्रति भेंट की जो लेखक अजित कुमार जी ने 'कुरु-कुरु स्वाहा...' के प्रकाशन के बाद उनसे लिया था। फिर हालचाल के बाद मैंने अचानक उनसे 'मेडा शर्म भी तू, मेडा शान भी तू' कहानी के बारे में पूछा तो वे अपने टाइपराइटर के पास गए। वहाँ से टंकित फुलस्केप कागजों का एक पुलिन्दा मेरे सामने रखते हुए कहा, 'यह उपन्यास है। अब इसका नाम 'हमजाद' हो गया है।'

जिस महीने मैं उनसे मिलने नहीं गया, उसी महीने में उन्होंने पूरा उपन्यास लिख दिया था : 'हमजाद'। मुझे याद आया कि जोशी जी ने अपने एक इंटरव्यू में यह कहा था कि उन्होंने 'कसप' उपन्यास महज एक महीने में लिख लिया था।

मैंने यह देखा कि वे लिखने के उधेड़बुन में तो महीनों-बरसों पड़े रहते थे लेकिन जब एक बार कहानी राह पर आ जाती तो उन्हें लिखने में अधिक समय नहीं लगता था।

प्रसंगवश, 'हमजाद' उनका ऐसा उपन्यास था जिसको कुछ लोगों ने अश्लील कहा। कुछ ने प्रसिद्धि पाने का लेखन कहा।

अधिकतर आलोचकों ने तो मनोहर श्याम जोशी की रचनाओं को विचार योग्य ही नहीं समझा और अगर विचार किया भी तो उनके 'सिनिसिज्म' को रेखांकित किया, यानी ऐसा लेखक जिसके साहित्य में वर्तमान अन्धकारमय हो, भविष्य के लिए किसी तरह की उम्मीद न हो।

एक कवि ने तो यहाँ तक कहा था कि उनके उपन्यासों में करुणा का अभाव है।

मुझे अच्छी तरह याद है, चिन्तक विद्यानिवास मिश्र को जब उन्होंने वह उपन्यास पढ़ने के लिए दिया तो विद्यानिवास जी ने पढ़ने के बाद लौटाते हुए यह राय दी थी : 'आपने प्रयोग तो अच्छा किया है लेकिन यह उपन्यास हिन्दी की प्रकृति के अनुरूप नहीं है। हिन्दी साहित्य में कुछ आशा, कुछ विश्वास तो होना ही चाहिए। आपके इस उपन्यास में चरम निराशा है।'

बहरहाल, 'हमजाद' में यह सब चरम पर है। तब इतने घिनौने पात्र फिल्मों में भी नहीं आते थे। जो जिस रिश्ते में था, वह उसी का दोहन कर रहा था। इनसानियत के किसी रूप की उपन्यास में झलक तक नहीं। एक भयावह यथार्थ।

उपन्यास लिखवाने वाला व्यक्ति अपने पिता की मौत की रात उसके सबसे करीबी दोस्त को पैसों के एवज में अपने बाप की घिनौनी करतूतों की कथा लिखने के लिए कहता है। उसके पिता की हत्या एक लड़की ने अपनी जंघाओं से दबाकर कर दी थी।

थ्रिलर की शैली में यह उपन्यास 'हमजाद' के मिथक को कहने की कोशिश थी। मिथक यह है कि हर व्यक्ति के साथ उसके जैसा एक और पैदा होता है जो उसका हमजाद होता है, जो जीवन-भर उसके साथ-साथ चलता है।

यह उपन्यास जब छपकर आया, इसकी सबसे पहली रिव्यू मैंने ही लिखी। 'भाषा' नाम की एक सरकारी पत्रिका में वह रिव्यू छपी थी जिसके सम्पादक उन दिनों वीरेन्द्र सक्सेना थे जो साकेत के पास ही पुष्प विहार में रहते थे।

इस उपन्यास का कोई सूत्र मुझे समझ में तो आया नहीं था, इसलिए करीब एक हजार शब्दों की समीक्षा में मैंने तीन बार लिखा : 'उत्तर-आधुनिकता, उत्तर-आधुनिकता, उत्तर-आधुनिकता'!

लेकिन कहानी मुझे बहुत अच्छी लगी थी। शायद उसके बुरे पात्रों की छायाओं को मैं पहचान पा रहा था। उसका मुख्य किरदार एक फिल्म-निर्माता था।

फिल्म-निर्माता जी.पी. सिप्पी और उनके बेटे रमेश सिप्पी के साथ उनके पारिवारिक सम्बन्ध थे। रमेश सिप्पी ने जोशी जी के लिखे अमर धारावाहिक 'बुनियाद' बनाया था और रमेश सिप्पी निर्देशित फिल्म 'भ्रष्टाचार' के जोशी जी लेखक भी रह चुके थे। वहाँ मैंने कई बार देखा था कि चैन की नींद सोने के लिए रमेश सिप्पी उनके घर आ जाया करते थे।

एक दोपहर मेरे उनके घर पहुँचते ही उन्होंने धीरे से कहा था, 'रमेश जी सोए हुए हैं, अभी जाओ।'

खैर, यह कहानी बाद में।

बातों-बातों में एक दिन मैंने जोशी जी से पूछा, 'इसमें जो टी.के. नारकियानी का किरदार है, कहीं वह जी.पी. सिप्पी का तो नहीं?'

'रचनात्मक साहित्य को पत्रकार की नजर से नहीं पढ़ना चाहिए,' उन्होंने कहा और उठकर दूसरे कमरे में चले गए।

'हमजाद' उनके जीवनकाल में प्रकाशित उपन्यासों में अकेला ऐसा उपन्यास है जिसकी तारीफ करनेवाले कम मिले। जो न अपनी कथा के लिए पढ़ा गया, न ही अपने कामुक वर्णनों के लिए। लेकिन मुझे आज भी लगता है, अगर सोशल मीडिया

के जमाने में वह उपन्यास प्रकाशित हुआ होता, तो शायद उसकी चर्चा हुई होती। शायद उसके पसन्द करनेवाले भी मिल जाते। लेकिन वह दौर और था। तब दबाने-छुपाने का जमाना हुआ करता था।

एक दिन 'हमजाद' उपन्यास को लेकर एक प्राध्यापक हो चुके अपने मित्र से बहस करते हुए मैं लगातार उसे महान उपन्यास बताने सम्बन्धी तर्क दे रहा था।

मेरे मित्र जब तर्कों से जवाब देने में असफल रहे तो अन्त में बोले, 'क्या माता-पिता के सामने सम्भोग किया जा सकता है? यह उपन्यास ऐसा ही है।'

मुझे तब बड़ा गर्व होता था उन दिनों कि मैं जोशी जी के सबसे विवादित उपन्यास की रचना-प्रक्रिया का गवाह बना था। किस तरह उन्होंने 'टचवुड' नाम से एक कहानी लिखनी शुरू की जो बाद में 'हमजाद' नामक उपन्यास में ढल गया!

लेखक बनने की कोशिश और अमेरिकन सेंटर लाइब्रेरी

'हमजाद' उपन्यास को 'उत्तर-आधुनिक उपन्यास' लिखने के बाद और एक सरकारी पत्रिका में उसके मय मानदेय प्रकाशन के बाद मैं कुछ जोश में आ गया था। इस बात का मलाल जरूर था कि 'हंस', 'इंडिया टुडे' या किसी अन्य मुख्यधारा की पत्रिका में उस समीक्षा का प्रकाशन नहीं हुआ लेकिन मेरे लिए यह कम सन्तोष की बात नहीं थी कि उस उपन्यास की पहली समीक्षा मैंने ही लिखी थी।

'उत्तर-आधुनिकता और मनोहर श्याम जोशी के उपन्यास' विषय पर शोध करना अभी ठीक से शुरू भी नहीं हुआ था और उसके पहले ही इस समीक्षा के माध्यम से मैंने खुद को 'उत्तर-आधुनिकता और मनोहर श्याम जोशी', दोनों का विशेषज्ञ साबित कर दिया था।

इसके बाद मेरे अन्दर खुद को कुछ और भी साबित करने का जोश आ गया था। कहानी लिखकर मैं जल्दी से जल्दी कथाकारों की सूची में अपना नाम लिखवाना चाहता था। इसके लिए सबसे पहले मैंने एक कहानी लिखनी शुरू की।

अब सोचता हूँ तो लगता है कि कहानी क्या थी, मैंने महज कुछ पन्ने काले किए थे। कुछ प्रेम-कहानी जैसा था, जिसमें लड़की लड़के को बहुत पसन्द करती है। दोनों को पहली बार एकान्त में मिलने का मौका मिलता है। लड़का घबड़ाहट में या अपनी मर्दानगी दिखाने के लिए सिगरेट निकालकर जला लेता है। उसके सिगरेट जलाते ही लड़की कहती है, 'छी-छी! ऐसे लड़के से मैं नहीं मिलना चाहती जो सिगरेट पीता हो।'

लड़का मन मसोसकर रह जाता है और अगली बार दोनों के बीच अकेले मिल पाने का अवसर नहीं आता है। लड़का छुट्टियों में अपनी बुआ के घर गया हुआ था। छुट्टियाँ खत्म हो जाती हैं, लड़का अपने शहर वापस आ जाता है।

मिलने-बिछड़ने में सिगरेट की बाधा को लेकर मैंने कुछ ऐसा लिखने का प्रयास किया था जो अपनी नजर में मुझे उत्तर-आधुनिक टाइप लग रहा था।

हाथ से लिखने का जमाना था। कहानी को दो बार फेयर करने के बाद जब मैं निश्चिन्त हो गया तो एक दिन उनको फोन मिलाया। उनके फोन पर आते ही मैंने एक साँस में कह दिया कि मैंने एक कहानी लिखी है और मैं उनको दिखाना चाहता हूँ। उन्होंने उसी दिन शाम का समय दे दिया।

उस दिन मैंने दिन-भर शाम होने का इन्तजार किया। अपनी बड़ी-सी नोटबुक में कहानी के पन्ने दबाए, नोटबुक को अपने बैग में डाला और आइ.एस.बी.टी. से 501 नम्बर की बस में बैठ गया।

उनके घर पहुँचा तो उन्होंने सीधे कहानी की माँग की। वे जैसे पढ़ने के लिए ही तैयार बैठे हों! मन-ही-मन मैं यह सोच रहा था कि बस, उनके पढ़ने-भर की देरी है। मेरे हिसाब से मेरी कहानी उन्हें पसन्द आनेवाली थी और मेरा नाम हिन्दी के युवा लेखकों में सदा के लिए दर्ज हो जानेवाला था।।

टेबल-कुर्सी पर बैठकर बड़े ध्यान से उन्होंने कुछ मिनट कहानी पढ़ी। पन्नों को समेटा और मेरी तरफ बढ़ाते हुए बोले, 'ऐसा नायक किस काम का जिसे लड़की से पहली बार एकान्त में मिलने का मौका मिले और वह सिगरेट जलाने में समय गँवा दे? देखो, सिर्फ लिखने के लिए लिखना है, या छपने के लिए लिखना है तो कोई बात नहीं। हिन्दी में हजारों की तादाद में रोज लड़की, फूल, चिड़िया पर कविता लिखनेवाले पैदा हो रहे हैं। उसी तरह कहानियाँ लिखनेवाले भी पैदा हो रहे हैं। इतनी पत्र-पत्रिकाएँ निकल रही हैं कि बहुत से लेखक उनमें पन्ने भरने के काम आ जाते हैं। लेकिन कुछ लेखक ऐसे होते हैं जिनकी रचनाओं को प्रकाशित करके पत्र और पत्रिकाएँ गौरवान्वित महसूस करते हैं। अब तुम खुद सोच लो। कहानी तुम्हारे हाथ में है। चाहो तो फाड़कर फेंक दो या लिफाफे में डालकर किसी सम्पादक को भेज दो। दोनों स्थितियों में कोई फर्क नहीं पड़ेगा।'

मैं कुछ देर तो अवाक् खड़ा रहा, फिर मैंने उनके सामने ही उन पन्नों को फाड़कर उनके ही डस्टबिन में फेंक दिया।

मेरी पहली कहानी 'लड़का, लड़की और सिगरेट' का यह दुखांत मुझे कई बार याद आ जाता है। वैसे तो उसकी एक प्रति मेरे पास होस्टल में थी, और अगर मैं चाहता तो प्रकाशित करवाने की कोशिश भी कर सकता था लेकिन जोशी जी की यह बात मुझे बार-बार याद आती रही कि पन्ने भरने वाला लेखक बनना है या... ?

अब सोचता हूँ तो लगता है कि 'हमजाद' की समीक्षा भी मैंने बहुत ही खराब लिखी थी, फिर भी उसे छपवाने में उन्होंने मेरी मदद की लेकिन मेरी कहानी के प्रति उन्होंने वैसी उदारता क्यों नहीं दिखाई?

खैर, मैंने तब उनके कहे का अनुपालन किया और उनके सामने सावधान की मुद्रा में खड़ा हो गया। फिर पूछा, 'इस कहानी में क्या कमी थी सर? और अच्छी कहानी किस तरह से लिखी जा सकती है?'

जवाब में उन्होंने किस्सा सुनाना शुरू किया कि जब वे लखनऊ यूनिवर्सिटी में पढ़ते थे और वहाँ के हबीबुल्ला होस्टल में रहते थे तो अमृतलाल नागर के यहाँ जाने लगे। नागर जी की आदत थी कि वे अपनी रचनाओं को बोलकर लिखवाते थे। उन दिनों नागर जी 'बूँद और समुद्र' उपन्यास लिख रहे थे और उसके कुछ पन्ने उन्होंने भी लिखे थे।

प्रसंगवश, जोशी जी भी बोलकर लिखवाते थे। उन्होंने एक युवक को टाइपिंग के लिए बाकायदा नौकरी पर रखा था। शम्भुदत्त सती नामक वह व्यक्ति 90 के दशक में उनके यहाँ काम के लिए आया था। उन दिनों जोशी जी 'हमराही' धारावाहिक लिख रहे थे। तब से लेकर आखिरी फिल्म 'हे राम' तक वही उनके लिए टाइप करने का काम करते रहे।

जोशी जी ने अपने एक इंटरव्यू में इस बात का जिक्र भी किया है कि 1966 में जब वे 'साप्ताहिक हिन्दुस्तान' के सम्पादक बने तब उनको बाकायदा एक टाइपिस्ट सहायक के रूप में मिला और उनके लेखन में गति आई। अन्यथा हाथ से लिखने के मामले में वे इतने काहिल थे कि हिन्दी के ज्यादातर काहिल लेखकों की तरह कविताएँ ही लिखते रहे।

बोलकर लिखवाने की बात चल रही है तो लगे हाथ यह बताना भी मुझे जरूरी लगता है कि वह कम्प्यूटर पर लिखने का जमाना नहीं था। ज्यादातर लेखक हाथ से ही लिखा करते थे।

मोहन राकेश के बारे में मैंने पढ़ा था कि 60 के दशक में वे टाइपराइटर पर लिखा करते थे और जहाँ भी जाते, अपना वह टाइपराइटर साथ लेकर जाते थे।

90 के दशक के आखिरी वर्षों में जब मैंने अशोक वाजपेयी के साथ काम करना शुरू किया तो देखा कि वे भी रोज सुबह टाइपराइटर पर लिखा करते थे। उन दिनों हिन्दी के बहुत कम लेखक खुद टाइपराइटर पर लिखते थे। यह टशन था उन दिनों का।

जोशी जी के समकालीन लेखक कमलेश्वर जी फिल्मों, टीवी, साहित्य—हर माध्यम में बेहद सफल लेखक रहे लेकिन वे हाथ से ही लिखते थे। मुझे याद है कि वे अपनी लिखने की उँगलियों में पट्टी बाँधकर लिखा करते थे।

जिस दिन मैंने पहली बार उनको उँगली में पट्टी बाँधकर लिखते हुए देखा तो मैं बहुत चकित हुआ और मैंने उनसे कहा, 'सर, आप किसी टाइपिस्ट को रखकर बोलकर क्यों नहीं लिखवाते? जोशी जी तो बोलकर ही लिखवाते हैं।'

डनहिल सिगरेट का धुआँ छोड़ते हुए कमलेश्वर जी ने कहा, 'हिन्दी के लेखकों को संघर्ष बहुत ज्यादा करना पड़ता है। हाथ से लिखने में संघर्ष का वह भाव बना रहता है। जानते हो प्रभात, जिस दिन मैं हाथ से लिखना छोड़ दूँगा, मैं लेखन ही नहीं

कर पाऊँगा। हिन्दी का लेखक 'कलम का मजदूर' ही होता है और उसे लेखन का राजा बनने का प्रयास नहीं करना चाहिए।'

मैं उनसे बहस करने के मूड में था। मैंने कहा, 'सर, मनोहर श्याम जोशी जी बोलकर लिखवाते हैं।'

सुनकर वे कुछ संजीदा हुए और फिर बोले, 'देखो, हर लेखक का अपना स्टाइल होता है, अपनी विचार-प्रक्रिया होती है। जैसे अगर मैं बोलकर लिखवाने लगूँगा तो मेरी भाषा, मेरे संवाद सब विश्रृंखल हो जाएँगे। मैं आज भी जिस तरह से लिखता हूँ, खुद मुझे ऐसा महसूस होता है, जैसे मेरे सामने पन्नों पर कोई रहस्य उद्‌घाटित हो रहा हो! अक्षरों, शब्दों के माध्यम से यह रहस्योद्‌घाटन ही मेरे लिए लेखन का असल आनन्द है। इसी कारण से चाहे मैं फिल्म लिखूँ, सीरियल्स लिखूँ या कहानी-उपन्यास, लेखन मुझे आनन्ददायक लगता है।' उसके बाद कुछ देर रुकते हुए उन्होंने कहा, 'एक बात बताऊँ, जोशी के पहले दो उपन्यास 'कुरु-कुरु स्वाहा...' और 'कसप' बहुत सुगठित हैं। दोनों उसने हाथ से लिखे थे।' कहने के बाद वे फिर से लिखने में लग गए।

खैर, मुझे ऐसा लगता है कि कमलेश्वर जी की हस्तलिपि इतनी सुन्दर थी कि हो न हो, वे उसी मोह में हाथ से लिखते रहे हों!

अब प्रसंग हाथ से लिखने बनाम टाइपिस्ट को बोलकर लिखवाने का चल रहा है तो एक और किस्सा याद आ गया। ये उन दिनों की बात है जब मैं महात्मा गांधी अन्तरराष्ट्रीय विश्वविद्यालय की पत्रिका 'बहुवचन' का सम्पादन कर रहा था।

उस पत्रिका के प्रथम सम्पादक पीयूष दईया ने अचानक पत्रिका का सम्पादन छोड़ दिया। तब मैं विश्वविद्यालय की अंग्रेजी पत्रिका 'हिन्दी' में सहायक सम्पादक था।

उस समय विश्वविद्यालय का नाम-मुकाम 'बहुवचन' पत्रिका के प्रकाशन के कारण ही था। चूँकि उस दौर में विश्वविद्यालय निर्माण-काल से गुजर रहा था, इसलिए वहाँ प्रकाशन का काम ही अधिक होता था।

अचानक एक दिन अशोक वाजपेयी ने मुझे बुलाकर कहा, 'जब तक कोई नया सम्पादक नहीं मिल जाता है, तुम ही इसका एक अंक निकाल दो।'

यह सुनते ही मैंने तय कर लिया कि उस एक अंक के माध्यम से मुझे ऐसा प्रभाव छोड़ना है कि आगे के अंकों के सम्पादन का भार भी मुझे ही मिल जाए।

मैं उसकी सूचना देने सबसे पहले जोशी जी के घर गया। वे बहुत खुश हुए। बोले, 'देखो, अशोक काम तो बहुत अच्छा करना चाहता है लेकिन उसके आसपास भोपाल वालों का ऐसा जमघट है कि उनके बीच तुम सम्पादक बने रह जाओ, यह किसी कमाल से कम नहीं होगा। लेकिन कोशिश पूरी करना।'

मैंने पूछा कि आप क्या देंगे, तो बोले, 'अभी हाल में ही 'रघुवीर सहाय रचनावली' का प्रकाशन हुआ है। मैं वही पढ़ रहा था। रचनावली के सम्पादक सुरेश शर्मा का आग्रह था कि मैं उसकी समीक्षा लिख दूँ।'

मैंने कहा, 'समीक्षा? मतलब, आप यह कह रहे हैं कि आप मेरे सम्पादन में निकलने वाले पहले अंक के लिए एक किताब की समीक्षा लिखेंगे? मैं तो सोच रहा था कि आप कुछ ऐसा लिखें जो यादगार बने और मेरी नौकरी भी बच जाए।'

जवाब में वे फिर बोले, 'उसी रचनावली के बहाने कुछ लिखता हूँ।'

'रघुवीर सहाय रचनावली के बहाने स्मरण' शीर्षक से जब उन्होंने रघुवीर सहाय पर लिखना शुरू किया तो अगले तीन अंकों तक उसका प्रकाशन हुआ। सम्भवत: हिन्दी की वह सबसे बड़ी समीक्षा है जिसका बाद में पुस्तकाकार प्रकाशन भी हुआ।

खैर, फिर एक दिन मैं कृष्ण बलदेव वैद के यहाँ उनसे मिलने गया। प्रसंगवश, बता दूँ कि अपने समकालीन लेखकों में जोशी जी जिस लेखक के पढ़े-लिखे होने का खौफ सबसे ज्यादा खाते थे, वे वैद साहब ही थे। तो मैंने वैद साहब से पूछा, 'सर, जोशी जी जो रघुवीर सहाय पर लिख रहे हैं, वह आपको कैसा लग रहा है?'

जवाब में वैद साहब ने हँसते हुए कहा, 'जोशी बोलकर लिखवाता है न!'

बहरहाल, बात जोशी जी के लखनऊ दिनों की हो रही थी, तो उन दिनों लखनऊ में प्रगतिशील लेखक संघ की गोष्ठियों में लखनऊ के तीन मूर्धन्य लेखक यशपाल, अमृतलाल नागर और भगवती चरण वर्मा मौजूद रहते थे। उन तीनों की मौजूदगी में उन्होंने अपनी कहानी 'मैडिरा मैरून' सुनाई और उस कहानी से उनकी पहचान बन गई।

मैं किस्से सुनता रहा लेकिन किस्सों में मुझे यह समझ में नहीं आ रहा था कि इनमें मेरे अच्छे कथाकार बनने के क्या गुर छिपे हुए थे!

शायद मेरे चेहरे पर बेरुखी के भाव या कहिए, ऊब के भाव को उन्होंने ताड़ लिया होगा इसलिए सारे किस्सों के अन्त में उन्होंने सार के रूप में बताना शुरू किया, 'हबीबुल्ला होस्टल में रहते हुए मैंने एक बात यह सीखी कि अच्छा लेखक बनना है तो बहुत पढ़ना चाहिए। उन दिनों मेरा एक मित्र था सरदार त्रिलोक सिंह। वह बहुत पढ़ाकू था। दुनिया-भर के लेखकों को पढ़ता रहता था। उसने मुझे कहा कि तुम जिस तरह से बोलते हो, अगर उसी तरह से लिखना शुरू कर दोगे तो लेखक बन जाओगे। इसके लिए उसने मुझे सबसे पहले अमेरिकी लेखक विलियम सारोयाँ की कहानियाँ पढ़ने की सलाह दी। तो तुम्हारे लिए पहली सलाह यह है कि अमेरिकन सेंटर के पुस्तकालय के मेंबर बन जाओ। वहाँ एक से एक पुरानी किताबें मिलती हैं और समकालीन पत्र-पत्रिकाएँ भी आती हैं। तुम्हारा दोनों तरह के साहित्य से अच्छा परिचय हो जाएगा।'

कहानी लिखने की दिशा में आखिर में उन्होंने पहली सलाह यह दी, 'देखो, दो तरह की कहानियाँ होती हैं : एक तो वह, जो घटनाओं पर आधारित होती हैं, जिनमें लेखक वर्णनों, विस्तारों से जीवन्त माहौल बना देता है। डिटेल्स के साथ इस तरह

की कहानियाँ लिखना मुश्किल काम होता है। तुम्हारी कहानी को पढ़कर मुझे साफ लगा कि अभी इस तरह की कहानियाँ लिखना तुम्हारे बस का नहीं है। न तो तुम्हारी पढ़ाई-लिखाई वैसी है, न ही लेखक का वह धैर्य, जो एक-एक कहानी लिखने में महीनों-सालों का समय लगा दे सकता है। दूसरी तरह की कहानियाँ लिखना कुछ आसान होता है। एक किरदार उठाओ और उसके ऊपर कॉमिकल, कारुणिक रूप से लिख दो।' फिर कुछ देर रुककर बोले, 'उदय प्रकाश को ही देख लो। वह दोनों तरह की कहानियाँ लिखने में महारत रखता है। लेकिन उसको अधिक लोकप्रियता दूसरी तरह की कहानियाँ लिखने से मिलती है, जिसमें वह अपने आसपास के लोगों का कॉमिकल खाका खींचता है। मैं यह नहीं कहता कि उस तरह की कहानियाँ लिखनी चाहिए लेकिन आजकल हिन्दी कहानियाँ इस दिशा में भी बड़ी सफलता से दौड़ रही हैं।' उसके बाद उन्होंने हँसते हुए कहा, 'और तो और, तुम अपनी कहानी में भाषा का रंग भी नहीं जमा पाए। अगर भाषा होती तो कहता, निर्मल वर्मा की तरह लिखो।'

लेकिन फिलहाल तो कुछ नहीं है। कहानी-चर्चा के बाद उन्होंने भाषा-चर्चा शुरू कर दी।

मनोहर श्याम जोशी कोई शब्द लिखने से पहले कोश जरूर देखते थे। उन्होंने मुझसे पूछा, 'हिन्दी लिखने के लिए किस कोश का उपयोग करते हो?'

मैं बगलें झाँकने लगा क्योंकि कोश के नाम पर तब मैं बस फादर कामिल बुल्के के 'अंग्रेजी-हिन्दी कोश' को ही जानता था। उसकी जो प्रति मेरे पास थी, वह मैंने खरीदी नहीं थी बल्कि मेरे चचेरे भाइयों ने करीब दस साल उपयोग के बाद मुझे दे दी थी। हिन्दी लिखने के लिए भी कोश देखते रहना चाहिए, यह बात मुझे पहली बार तब पता चली जब मैं हिन्दी में पी-एच.डी. कर रहा था। मैंने दिल्ली विश्वविद्यालय से पढ़ाई की थी। हिन्दी के कुछ मूर्धन्यों से शिक्षा पाई थी लेकिन किसी ने भी मुझे या हिन्दी पढ़ने वाले दूसरे लोगों को भाषा के बारे में किसी प्रकार का ज्ञान नहीं दिया था। हिन्दी भाषा के अलग-अलग रूपों के बारे में पहला ज्ञान मुझे हिन्दी के एक ऐसे लेखक से मिला जिन्होंने ग्रेजुएशन से आगे पढ़ाई भी नहीं की और ग्रेजुएशन तक उन्होंने जिन विषयों की पढ़ाई की थी, उनमें हिन्दी नहीं थी।

उन्होंने बड़ा मौलिक सवाल उस दिन मुझसे किया, 'तुम हिन्दी पट्टी वाले अपनी अंग्रेजी ठीक करने के लिए तो डिक्शनरी देखते हो लेकिन कभी यह नहीं सोचते कि हिन्दी भाषा को भी ठीक करने के लिए कोश देखना चाहिए।'

दिलचस्प बात यह है कि जोशी जी ने अपने जीवनकाल में एक भी उपन्यास या रचनात्मक साहित्य ऐसा नहीं लिखा, जो तथाकथित शुद्ध खड़ी बोली हिन्दी में हो। लेकिन 'आउटलुक', 'दैनिक हिन्दुस्तान' में उनके जो स्तम्भ प्रकाशित होते थे और उनमें अगर एक शब्द भी गलत छप जाता था तो वे सम्पादक से जरूर लड़ते थे।

मुझे याद है कि 'आउटलुक' में उन्होंने एक बार अपने स्तम्भ में 'वह' लिखा, जिसे उस पृष्ठ के सम्पादक ने 'वो' कर दिया। बस, इतनी-सी बात पर उन्होंने तत्कालीन सम्पादक आलोक मेहता को इतनी बड़ी शिकायती चिट्ठी लिखी थी कि मैं हैरान रह गया था। भला इतनी छोटी-सी बात पर भी कोई इतना नाराज हो सकता है?

भाषा को लेकर उनका मत स्पष्ट था। उनका मानना था कि साहित्यिक कृति तो लोग अपनी रुचि से पढ़ते हैं और पत्र-पत्रिकाओं को भाषा सीखने के उद्देश्य से। इसलिए उनकी भाषा की शुद्धता के ऊपर पूरा ध्यान देना चाहिए। लेकिन जब भी भाषा की शुद्धता को ध्यान में रखकर रचनात्मक साहित्य लिखा जाता है तो वह लद्धड़ साहित्य हो जाता है।

उस दिन उन्होंने कई उदाहरण दिये लद्धड़ साहित्य के लेखक के रूप में। वे कहते थे कि भाषा से ही तो साहित्य जीवन्त हो उठता है। उदाहरणस्वरूप उन्होंने पहले अपने गुरु अमृतलाल नागर का नाम लिया। कहा कि भाषा पर उनकी इतनी जबर्दस्त पकड़ थी कि कानपुर शहर के दो मोहल्लों के बोलचाल के फर्क को भी अपनी भाषा में दिखा देते थे। जो भाषा की भंगिमाओं को नहीं जानते, वे साहित्य में भाषा की शुद्धता को लेकर अड़े रहते हैं, जबकि हिन्दी का मूल स्वभाव इसका बाँकपन है। यह कभी भी एलीट समाज की भाषा नहीं बन सकती। यह अभी भी मूल रूप से उन लोगों की भाषा है जो एक ही भाषा जानते हैं अर्थात एकभाषी हैं।

मुझे याद है कि जब लखनऊ से अखिलेश के सम्पादन में 'तद्भव' नामक पत्रिका का प्रकाशन आरम्भ हुआ तो उसमें मनोहर श्याम जोशी ने धारावाहिक रूप से 'लखनऊ : मेरा लखनऊ' संस्मरण-शृंखला लिखना शुरू किया। 'तद्भव' के हर अंक में प्रूफ की गलतियाँ बहुत रहती थीं। इसको लेकर उन्होंने एक पत्र 'तद्भव' सम्पादक को लिखा जो पत्रिका में प्रकाशित भी हुआ। उस पत्र में उन्होंने अशुद्धियों को भाषा का 'डिठौना' कहा था, जो न हों तो भाषा को नजर लग सकती है। उस दिन उन्होंने कहा कि हिन्दी जिस दिन पूर्ण रूप से शुद्ध भाषा हो जाएगी, अपने मूल यानी लोक से कट जाएगी और मर जाएगी!

मतलब यह कि उन्होंने मुझे कथ्य, भाषा, शैली—हर लिहाज से असफल लेखक साबित किया। मैं बहुत दुखी था और मन-ही-मन सोच रहा था कि मेरे समकालीनों में इतने लोगों की कहानियाँ, कविताएँ मार-तमाम छपती रहती हैं, कई पुरस्कृत भी हो चुके थे, उनमें से किसी में उनको किसी तरह की कमी नहीं दिखाई देती थी। बस, मेरे लेखन में ही दिखाई दे रही थी। मन में निराशा तो बहुत थी लेकिन मन-ही-मन यह संकल्प भी कर लिया कि एक दिन मैं इनसे भी बड़ा लेखक बनकर दिखाऊँगा। लेकिन ऊपर से 'जी-जी' के अलावा कुछ और नहीं कह पाया।

उन्होंने अमेरिकन सेंटर लाइब्रेरी का नाम लिया था। उसी साल से उस लाइब्रेरी में सशुल्क मेम्बरशिप शुरू हो गई थी। उससे पहले तक अमेरिकन सेंटर लाइब्रेरी की सदस्यता निःशुल्क थी। वहाँ रीडिंग रूम में आकर कोई भी दिन-भर पढ़ सकता था। हमारे कॉलेज के कई सीनियर एक जमाने में उसी लाइब्रेरी में बैठकर एसी की सुविधा में यू.पी.एस.सी. की तैयारी किया करते थे। अचानक सालाना सदस्यता शुल्क 500 कर दिया गया था। जो सदस्य नहीं होते थे, उनको हर दिन बैठने का शुल्क देना पड़ता था।

उन्हीं दिनों विष्णु खरे ने एक कविता लिखी थी : 'लाइब्रेरी में तब्दीलियाँ', जो अमेरिकन सेंटर में हुए इन बदलावों को लेकर ही थी। बदलाव अमेरिकन सेंटर लाइब्रेरी में हो रहे थे और विरोध एक प्रगतिशील कवि ने किया था।

असल बात जो थी, वह यह थी कि जोशी जी ने यह कह तो दिया था कि अमेरिकन सेंटर लाइब्रेरी जाओ और वहाँ की किताबों से ज्ञान अर्जित करो लेकिन मेरी मुश्किल यह थी कि सालाना 500 रुपये वाली सदस्यता कैसे हासिल करूँ? सदस्य बनते समय तो कुछ राशि कॉशन मनी के रूप में भी देनी पड़ती थी।

इसका हल खुद उन्होंने ही निकाला। उन्होंने अपना कार्ड देते हुए कहा, 'यह ले जाओ। खुद भी किताबें पढ़ना और मेरे लिए भी ले आना।'

उस कार्ड पर एक साथ चार किताबें इश्यू हो सकती थीं। कार्ड पर लिखा हुआ था—पैट्रन मेंबर। इसका मतलब यह था कि वे लाइब्रेरी के बहुत पुराने सदस्य थे। इसके एवज में माँगने पर उन्हें पत्र-पत्रिकाओं में प्रकाशित लेख भी मुफ्त में डाक से घर पर भिजवाए जाते थे।

खैर, मुझे इससे कई सुविधाएँ मिल गईं। एक, मेरे 500 रुपये बच गए। दो, मुझे दिल्ली के एक बड़े पुस्तकालय में आने-जाने का कार्ड मिल गया। लेकिन सबसे बड़ी सुविधा यह मिल गई कि मुझे अब किताब पहुँचाने और ले जाने के बहाने जोशी जी के यहाँ आने-जाने का मनमाना अवसर हासिल हो गया था।

बाद में जोशी जी ने रघुवीर सहाय पर लिखते हुए 'बहुवचन' में लिखा कि अज्ञेय से जब वे काम माँगने गए तो कुछ दिनों बाद अज्ञेय जी ने उनको पत्र लिखकर अनुवाद का काम दिलवाने की पेशकश की। घोर बेरोजगारी के उन दिनों में जब उनके पास रोज खाने तक के भी पैसे नहीं होते थे और वे नई दिल्ली स्टेशन के पास बैरन रोड पर बने सरकारी क्वार्टरों के बाहर लकड़ी के पार्टीशन से घेरकर बनाई गई जाफरी में रहते थे। उन्होंने यह कहते हुए अनुवाद का काम करने से इनकार कर दिया था कि वह अमेरिकन सेंटर का काम था और उस दौर में लेखकों के लिए अमेरिका का काम करना अच्छा नहीं माना जाता था। लेकिन दिलचस्प बात यह थी कि अमेरिकन सेंटर के पैट्रन मेंबर होने का मतलब ही यही था कि वह उन्हीं दिनों अमेरिकन सेंटर पुस्तकालय के सदस्य बने थे।

मुझे ध्यान आता है कि उनका सबसे प्रिय शब्द 'दुचित्तापन' था। अक्सर अपने लेखों में वे इस शब्द का प्रयोग करते थे। उनके उपन्यास 'कुरु-कुरु स्वाहा...' का जो नायक है, उसके अन्दर तीन व्यक्ति रहते हैं।

उन्हीं दिनों मैंने उत्तर-आधुनिक चिन्तक मिशेल फूको का एक कथन पढ़ा था : 'मुझसे यह मत पूछना कि मैं कौन हूँ और मुझसे यह मत कहना कि मैं वही बना रहूँ जो मैं हूँ!'

संयोग से उन्हीं दिनों मुझे 'जनसत्ता' में पहली बार रविवारीय पृष्ठ के लिए कवर स्टोरी लिखने का काम मंगलेश डबराल ने दिया। कवर स्टोरी मनोहर श्याम जोशी पर लिखनी थी। उसकी शुरुआत मैंने मिशेल फूको के इसी वाक्य से की :

'मुझसे यह मत पूछना कि मैं कौन हूँ और मुझसे यह मत कहना कि मैं वही बना रहूँ जो मैं हूँ!'

इन किताबों ने बड़ा जुल्म किया है मुझ पर

सच बताऊँ तो होस्टल में जाकर सोचने पर यही लगा कि जोशी जी ने मुझे अमेरिकन सेंटर का कार्ड नहीं दिया है बल्कि लाइब्रेरी से उनके घर किताबें पहुँचाने और सही समय पर उनको लाइब्रेरी में लौटाने का एक काम दे दिया है। मैं भला इस काम के लिए तो उनके आसपास रहने या उनके करीब रहने की जुगत में नहीं था!

मैं अपनी पी-एच.डी. भले ही उनके उपन्यासों या यूँ कहूँ कि उन पर कर रहा था लेकिन जिस तरह से हिन्दी विभागों में अधिकतर शोध सिर्फ नौकरी के पासपोर्ट के रूप में या यू.जी.सी. की फेलोशिप को भुनाने के लिए किए जाते थे, मैं भी उसी तरह से कर रहा था। शोध के नाम पर चार साल या साढ़े चार साल तक कुछ-न-कुछ करते रहना और फेलोशिप के बाकी बचे महीनों में कुछ लिख देना—सब यही तो करते थे, मैंने भी यही किया।

माफ कीजिएगा, अपने विषय पर लिखते हुए बार-बार विषयान्तर हो जा रहा है। क्या करूँ, मनोहर श्याम जोशी ने अनेक विषयों पर, अनेक विधाओं में, अनेक शैलियों में, भाषा की अनेक भंगिमाओं में इतना कुछ लिखा है कि उनके ऊपर सीधे-सीधे कुछ लिखा ही नहीं जा सकता है। 'जो सीधे-सीधे लिखा जाए, वह साहित्य नहीं होता, वह किसी मुदर्रिस के नोट्स की तरह होता है'—एक बार जोशी जी ने ही यह भी कहा था।

पुस्तकालय पर लौटता हूँ।

पहली बार अमेरिकन सेंटर लाइब्रेरी में जाते समय याद आया कि जोशी जी ने अपने प्रथम प्रकाशित उपन्यास 'कुरु-कुरु स्वाहा...' में लिखा था कि 'उन्होंने जमकर लिखने का मूड बनाने के लिए फार्मूला 99 आजमाने की सोची।' इसके अन्तर्गत वे एक आध्यात्मिक, एक किसी शास्त्र-विज्ञान सम्बन्धी और एक हल्की-सी अश्लील—तीन पुस्तकों का लगभग समान्तर पारायण करते थे और अक्सर यह देखा गया कि इस पुस्तक-अनुष्ठान में तीसरी पुस्तक को बराबर प्राथमिकता मिलती रहती है।

मैंने बहुत कोशिश की कि पहली बार कुछ ऐसी किताबें लाइब्रेरी से ले जाऊँ जिनसे जोशी जी खूब प्रभावित हो जाएँ और उनकी नजर में मैं चढ़ जाऊँ, लेकिन सोच लेने से क्या होता है!

असल बात यह थी कि उनके उपन्यासों पर पी-एच.डी. में रजिस्ट्रेशन के बाद जब से उनसे मिला था, तब से मैं इस कोशिश में लगातार लगा रहता था कि उनकी नजर में कुछ बन जाऊँ। उनके उपन्यास 'हमजाद' की समीक्षा मैंने जरूर लिखी थी, छप भी गई थी, लेकिन उससे उनको शायद मेरे ज्ञान का उथलापन समझ में आ गया था।

मैंने उनको प्रभावित करने के लिए कहानी लिखी। लेकिन उसका हश्र यह हुआ कि मुझे पढ़ने के लिए लाइब्रेरी के चक्कर लगाने पड़ गए।

अब मुझे लगने लगा था कि उन्हें प्रभावित करने का आखिरी मुकाम अमेरिकन सेंटर लाइब्रेरी ही थी—उनके समक्ष यह साबित करने का कि मैं किताबों के बारे में, दुनिया के लेखकों के बारे में बहुत जानता हूँ।

पहले ही लिख चुका हूँ कि पहली मुलाकात में मैं उनके लिए पोलैंड के लेखक ब्रूनो शुल्ज का उपन्यास देने गया था।

दिल्ली विश्वविद्यालय में उस जमाने में हमेशा फर्स्ट डिवीजन से पास होने, उस समय के सबसे प्रासंगिक लेखक उदय प्रकाश की कहानियों पर एम.फिल. कर लेने और सबसे लोकप्रिय लेखक मनोहर श्याम जोशी पर पी-एच.डी. करने के बावजूद मुझे किसी कॉलेज में पढ़ाने योग्य नहीं समझा गया।

अकादमिक जगत में नौकरियाँ आपके गुरु के प्रताप से मिलती हैं। मेरे गुरु सुधीश पचौरी उस समय अपने उत्तर-आधुनिक विचारों से समस्त हिन्दी विभागों के प्रतिपक्ष बनकर खड़े थे, इसलिए जरूरी था कि बेरोजगारी से मुक्त होने के लिए अपना गुरु बदला जाए।

जोशी जी ने अपने एक साक्षात्कार में कहा था कि जितना जरूरी सही समय पर गुरु बनाना होता है, उतना ही जरूरी यह भी होता है कि आप सही समय पर उस गुरु को लात मार दें। इसलिए यह जरूरी लग रहा था कि अकादमिक स्तर पर नहीं बल्कि उस दुनिया के बाहर किसी को गुरु बनाया जाए।

खैर, मैंने 'कुरु-कुरु स्वाहा...' के जोशी जी को याद किया और उनके लाइब्रेरी कार्ड के लिए चार ऐसी किताबों की तलाश में लग गया जिनको वे पढ़ना चाह रहे हों, जिनको देखते ही उनको लगे कि कुछ-न-कुछ तो है इस लड़के में। इसको पढ़ने-लिखने की तमीज है।

उर्दू शायर नक्काद और प्राध्यापक मजहर अहमद ने एक बार मुझे कहा था कि कोई आदमी किस तरह का है, इसका पता इससे चल जाता है कि उर्दू शेरों का उसका

जौक कैसा है यानी वह किस तरह के शेरों को पसन्द करता है। शेर तो सभी अच्छे होते हैं लेकिन आपकी पसन्द आपके इनसानी मेआर को दिखा देती है। साफ था कि यह एक मौका था और मुझे खुद को साबित करना था। अपना मेआर दिखाना था।

इतने साल बाद स्मृति से यह लिख दूँ तो झूठ ही होगा कि मेरी उस पहली सूची में किताबें कौन-कौन सी थीं और उन किताबों के चयन के लिए मैंने क्या तरीका अख्तियार किया। लेकिन एक किताब गलती से मैंने ऐसी चुन ली जिसने अचानक उनकी नजर में मेरा ग्राफ ऊँचा कर दिया।

लेकिन यह बताने से पहले कुछ बातें किताबों के बारे में।

वह इंटरनेटविहीन दौर था इसलिए आज की तरह गूगल से यह पता नहीं किया जा सकता था कि कौन-सी किताबें चर्चित हैं, कौन-सी किताब कहाँ बेस्टसेलर चल रही है, किस किताब के बारे में किसने क्या कहा है। आज युवाओं से मिलता हूँ तो वे ऐसी-ऐसी किताबों के नाम बताते हैं कि लगता है, कितने पढ़े-लिखे होंगे! लेकिन थोड़ी देर में समझ में आ जाता है कि उनके बड़का भारी ज्ञान का स्रोत कहाँ है! लेकिन उस जमाने में यह सब असम्भव था।

तब इधर-उधर पुस्तकालयों में जाकर लन्दन रिव्यू ऑफ बुक्स या गार्डियन वीकली या द न्यूयॉर्क रिव्यू ऑफ बुक्स या न्यू यॉर्कर जैसी पत्र-पत्रिकाओं की फाइलों की तलाश करनी पड़ती थी। उसके बाद यह समझ में आता था कि कौन-सी किताबें पढ़ी जा रही हैं, किन किताबों की चर्चा है, या फिर किन किताबों को पढ़ा जाना चाहिए।

बात चल रही है तो बताता चलूँ कि उन दिनों साहित्य अकादेमी लाइब्रेरी में इस तरह की पत्रिकाएँ आती थीं और मुझे कई बार इन पत्रिकाओं की फाइलें पलटते हुए केदारनाथ सिंह और कुँवर नारायण जैसे मूर्धन्य कवि दिखाई दे जाते थे।

अब मैं किसी पुस्तकालय में जाता तो था नहीं कि मुझे लेखकों, किताबों के बारे में कुछ पता होता। इतना जरूर हुआ था कि उदय प्रकाश के सान्निध्य में उठते-बैठते मार्केज जैसे कुछ महान लैटिन अमेरिकी लेखकों के बारे में पता चल गया था।

मार्केज के कई उपन्यास मेरे सीनियर मित्र रविकान्त के पास थे। 'वन हंड्रेड ईयर्स ऑफ सोलीट्यूड' तो तब मुझे समझ में नहीं आया लेकिन 'लव इन द टाइम ऑफ कॉलरा' ऐसे पढ़ा, जैसे सूफी हाल की अवस्था में आकर कुछ करने लगता है। मैंने पहले और बाद में बहुत उपन्यास पढ़े। खास कर, प्रेम कहानियाँ बहुत पढ़ीं लेकिन 'लव इन द टाइम ऑफ कॉलरा' जैसा उपन्यास नहीं पढ़ा। ऐसा नहीं है कि उसकी कहानी बेमिसाल है बल्कि उसकी शैली अद्भुत है। फरमीना डाजा और फ्लोरेंतिनो एरिजा की उस प्रेम-कहानी के कारण ही मैंने उस दौर में बहुत पढ़ा और लिखा भी। शायद इसी को प्रेरित करना या प्रेरित होना कहते हों!

अमेरिकन सेंटर लाइब्रेरी में कार्ड के साथ घुसने के बाद मैंने अच्छी तरह मुआयना किया। मैंने देखा कि एक खंड नई आई किताबों का था—एक चर्चित किताबों का था। इसके अलावा विषयवार किताबों के स्टैक थे। मैंने कुछ किताबों को उलट-पुलटकर देखा लेकिन कुछ समझ नहीं आया।

समय की कोई कमी नहीं थी। पुस्तकालय शाम के छह बजे तक खुला रहता था, मैं तो दोपहर से पहले ही पहुँच गया था। लंच के बारे में अधिक चिन्ता करने की जरूरत नहीं थी। अमेरिकन सेंटर के सामने फ्रूट चाट वाला ठेला लगाता था जो दस रुपये प्लेट फ्रूट चाट खिलाता था और प्लेट में इतना होता था कि पेट भर जाता था।

उसके बाद शाम को बस पकड़कर होस्टल और 8 बजे जमकर डिनर। परेशानी का कोई खास कारण था नहीं, बल्कि उल्टे अच्छा ही लग रहा था। दिन में होस्टल में रहने से भात-दाल अधिक खा लेता था और नींद आ जाती थी। अमेरिकन सेंटर दोपहर की उस नींद से निजात का कारण भी था।

नई आई किताबों के स्टैक में अचानक मुझे एक किताब दिखी : 'द क्लैश ऑफ सिविलाइजेशन'। सैमुएल पी. हंटिंग्टन की इस किताब के बारे में मैंने कुछ देर पहले ही 'न्यूयॉर्क रिव्यू ऑफ बुक्स' के पन्ने पलटते हुए पढ़ा था कि जब से यह किताब आई थी, तब से इसकी बहुत चर्चा थी। इस किताब ने एक नई बहस को जन्म दे दिया था। लेखक ने यह स्थापना रखी थी कि शीतयुद्धोत्तर काल में दुनिया में धार्मिक और सांस्कृतिक पहचानों के आधार पर संघर्ष होंगे।

मुझे लगा कि यह किताब नई भी है और अमेरिका के एक विशेषज्ञ सैमुएल पी. हंटिंग्टन की लिखी हुई है और साथ ही गहरे वैचारिक सवालों को उठाने वाली भी। मैंने उसको इश्यू करवा लिया।

इसी तरह एकाध उपन्यास, कविता की किताबें वगैरह थीं। एक उपन्यास अमेरिकी लेखक ट.सी. बॉयल का भी था। उपन्यास का नाम तो याद नहीं, चाहूँ तो गूगल करके खोज भी लूँ, लेकिन लेखक का नाम याद रह जाना और उसकी किताब का याद न रह पाने का भी एक कारण है।

लाइब्रेरी से किताब लेकर उनके घर जाते हुए मैंने फोन करके समय नहीं लिया। समय तो मैं समझ ही गया था शाम के पाँच बजे के आसपास। उनके घर में घुसते ही कहा कि किताबें लेकर आया हूँ।

फिर बैग से किताबें निकालते समय जैसे ही उनकी नजर 'क्लैश ऑफ सिविलाइजेशन' पर पड़ी, वे जैसे उछल पड़े। बोले, 'अरे, यह किताब आ गई थी अमेरिकन सेंटर में? अच्छा किया। कल इसी किताब को लेकर वागीश जी से काफी देर बात हुई थी।'

असल में, जोशी जी और उनकी पत्नी अक्सर शाम के समय आई.आई.टी. कैम्पस वागीश जी के घर जाते थे। उन दोनों के बीच ऐसी मित्रता थी जिसमें किताबें

ही किताबें होती थीं। वागीश जी जोशी जी के लिए चलते-फिरते सन्दर्भ कोश थे—एनसाइक्लोपीडिया! अगर वागीश जी ने कुछ कह दिया तो जोशी जी उस बात को अकाट्य सत्य की तरह मानते थे।

उस किताब को मेज पर रखते हुए वे फोन की तरफ लपके। उन्होंने वागीश जी को फोन मिलाया और उनको बताने लगे, 'प्रभात रंजन आज लाइब्रेरी से 'क्लैश ऑफ सिविलाइजेशन' ले आया है। अभी आता हूँ लेकर आपके पास।'

जल्दी से जोशी जी और उनकी पत्नी तैयार हुए, गाड़ी निकाली और मुझसे कहा, 'तुम भी आओ। आई.आई.टी. से बस पकड़ लेना।'

मैं सहमते, सकुचाते हुए उनकी कार में पीछे बैठ गया।

आई.आई.टी. में वागीश जी के घर पर मैं उस दिन पहली बार गया था। उसके बाद कितनी बार गया, यह याद नहीं।

लेकिन उस दिन दोनों में धर्मों के बीच संघर्ष, हिन्दू धर्म को हंटिंग्टन द्वारा किसी तरह का महत्त्व न देने को लेकर काफी देर तक चर्चा होती रही। मुझे याद है कि जोशी जी ने यह कहा कि हिन्दू धर्म को इसका जाति-विभाजन ही ले डूबेगा। अलग-अलग जातियाँ अपनी-अपनी पहचान को लेकर मुखर होती जाएँगी और हिन्दू धर्म कमजोर पड़ता जाएगा।

शाम गहरा गई थी। दोनों के घर तो आसपास थे, मुझे पहले 10-15 मिनट बस का इन्तजार करना था और उसके बाद बस में बैठकर एक घंटे का सफर तय करके अपने होस्टल जाना था। यह तो पक्का था कि डिनर छूट जाएगा। लेकिन उस दिन मन बहुत भरा-भरा सा इसलिए महसूस हो रहा था कि जोशी जी ने न केवल मेरे महत्त्व को समझ लिया था बल्कि मुझे अपनी गाड़ी में भी बिठाया था।

बहुत बाद की बात है। मैं महात्मा गांधी अन्तरराष्ट्रीय हिन्दी विश्वविद्यालय की पत्रिका 'बहुवचन' का सम्पादक बन चुका था। लेखक के रूप में कुछ खास तो नहीं लिखा था लेकिन जब मुजफ्फरपुर जाता तो वहाँ थोड़े-बहुत लोग मुझे 'कवि जी' कहने लगे। आज भी 'कवि जी' ही कहते हैं। हाँ, अब पहले से बहुत ज्यादा कहने वाले हो गए हैं।

असल में, जो लेखक होता है, सब 'कवि जी' ही होता है। तो बात यह कह रहा था कि मैं जब भी मुजफ्फरपुर जाता, जितने भी दिन वहाँ रहता तो जानकी वल्लभ शास्त्री जी के यहाँ जरूर जाता।

उस यात्रा में जैसे ही मेरा बाईक नजर आता, चतुर्भुज स्थान के पास एक किराना स्टोर के मालिक चौधरी जी पीछे-पीछे शास्त्री जी के घर पहुँच जाते। वे चुपचाप सीढ़ी के पास नीचे बैठ जाते और मैं कुर्सी पर बैठकर शास्त्री जी से बातचीत करता, और फिर वापस आ जाता। जब तीसरे दिन भी यह सिलसिला चला

तो मैं सशंकित हो उठा कि यह आदमी कौन है जो मेरे आते ही आकर बैठ जाता है? न कुछ बोलता है, न शास्त्री जी उसको जाने के लिए कहते हैं! तीसरे दिन मैंने उनसे पूछ ही लिया, 'जब भी मैं आता हूँ, आप यहाँ आकर क्यों बैठ जाते हैं?'

'असली बात ई है कि हम कभी दो कवि लोग को आपस में बात करते हुए नहीं सुने थे। इसीलिए आकर बैठ जाते हैं कि आखिर कवि लोग आपस में बतियाता क्या है?'

उस दिन जोशी जी और वागीश जी की चर्चा में मेरी स्थिति भी कुछ-कुछ उसी चौधरी जी जैसी हो गई थी।

उस दिन बस में होस्टल लौटते हुए मुझे ऐसा महसूस हो रहा था मानो मैंने कोई बहुत बड़ा तीर मार लिया हो! जोशी जी के घर निर्द्वन्द्व आने-जाने का पासपोर्ट जो मेरे हाथ लग गया था! मैंने अपनी कमीज की जेब में लाइब्रेरी कार्ड देखा, वह सुरक्षित मौजूद था। अगले कई सालों तक मैं जोशी जी के पैसे से उसका नवीनीकरण करवाता रहा, लेकिन रखता अपने ही पास था। बहुत बाद तक, जब मैं सम्पादक बन गया था, तब भी।

मैं जब भी लाइब्रेरी जाता था, उनका ही कार्ड लेकर जाता था। उनके और अपने लिए किताबें इश्यू करवाता, वापस करता और आ जाता।

लाइब्रेरी में इश्यू काउंटर पर जब भी कोई नया व्यक्ति आता, पहले वह कार्ड पर उनका नाम देखता, फिर मेरा चेहरा देखता। मैं मुस्कुराते हुए कहता, 'मेरे चाचा हैं। आजकल बीमार हैं इसलिए मैं आता हूँ—उनके लिए किताबें लेने।'

एक बार गड़बड़ हो गई। काउंटर पर एक लड़की बैठी थी। वह श्रीमती भगवती जोशी मैम की स्टूडेंट निकल गई। वह लेडी श्रीराम कॉलेज में पढ़ाती थी। उसने चिंतित होते हुए पूछा, 'क्या हुआ सर को?' मैंने कहा, 'कुछ नहीं। अब ठीक हैं।' लेकिन उस लड़की ने बाद में हालचाल जानने के लिए फोन कर दिया।

असल में उस दौर में सबकी स्मृतियों में जोशी जी के लिखे धारावाहिक थे। वे एक सेलिब्रिटी लेखक थे। मैं चाहता तो आराम से यह कह सकता था कि मैं उनके साथ काम करता हूँ, वे बुजुर्ग हैं, खुद नहीं आ सकते हैं इसलिए मैं आता हूँ। कोई कुछ नहीं कहता। लेकिन उनसे करीबी दिखाकर मैं अपने-आपको भी कुछ दिखाना चाहता था, कुछ जताना चाहता था।

लड़की ने फोन किया था, इसका पता मुझे तब चला जब एक दिन अचानक बातों-बातों में जोशी जी ने मुझसे कह दिया, 'बीमार क्यों बना दिया? यही कह देते कि उन्होंने भेजा है तो भी कोई कुछ नहीं कहता!'

मैं झेंप गया और कोई बहाना बनाकर जल्दी से वहाँ से निकल आया।

मेरे सभी संगी-साथी अपने-अपने भविष्य को सेट कर रहे थे। जाहिर है, पी-एच.डी. कर रहा था तो उसका तार्किक अंजाम कॉलेजों में पहले अस्थायी या बाद में स्थायी रूप से पढ़ाना होता है। लेकिन मैं पहले अर्ज कर चुका हूँ कि उस दिशा में मेरे गुरु का हाथ तंग था और मैं उससे लापरवाह अपनी फेलोशिप के सहारे जीवन के सबसे अच्छे दौर में था—जहाँ मैं था, किताबें थीं, जोशी जी थे, वागीश शुक्ल थे, कमलेश्वर थे, अरुण प्रकाश थे। दोस्त-यार थे।

लेकिन मैं तो किताबों की दुनिया में खो चुका था।

ऐसा नहीं था कि जोशी जी महज लाइब्रेरी से किताब लाने-ले जाने के लिए मेरा इस्तेमाल कर रहे थे। मैं उनके पास आया था लिखना सीखने, और वे मुझे पढ़ना सिखा रहे थे।

एक दिन उन्होंने मुझसे सीधे पूछ दिया, 'उत्तर-आधुनिकता क्या है?'

अचानक आए इस सवाल को मैं सँभाल नहीं पाया। उन दिनों होस्टल में रविकान्त, संजीव जी के जाने के बाद सदन झा से मेरी दोस्ती हुई थी। उसकी थ्योरी की समझ बहुत अच्छी थी। अच्छे-अच्छे सिद्धान्तों को बहुत सहज शैली में समझा देता था। देरिदा, फूको के सिद्धान्तों से लेकर मार्केज, ल्योसा के उपन्यासों तक जितना मुझे पढ़कर समझ में नहीं आया, उतना उसके बताने से समझ में आ गया।

तो जितना मुझे समझ में आया था, उसके आधार पर मैंने बोलना शुरू कर दिया, 'बड़े बड़े सिद्धान्तों का अन्त, मेटा नैरेटिव का अन्त, अनेकान्त कथाएँ आदि उसकी प्रमुख विशेषताएँ हैं, जैसे आपका उपन्यास 'कुरु-कुरु स्वाहा...' है, जिसमें पूरी कथा पहुँचेली की कही गई है और अन्त तक उसका रूप बदलता ही जाता है...'

उन्होंने बीच में टोका और बोले, 'मैं तुमसे अपने उपन्यास की व्याख्या नहीं पूछ रहा था। यह जब तुम्हारे गाइड पचौरी पूछें तो उनको बताना। उनको अच्छा लगेगा। दिक्कत जानते हो, क्या है? हिन्दी में एक ऐसा वर्ग है जो अंग्रेजी के माध्यम से पश्चिम की रचना-शैली, आलोचना-शैली को हिन्दी में उथला तो कर लेता है लेकिन उसको अपनी भाषा के कबीले में रचा-बसा नहीं पाता। इसलिए वह सिद्धान्त हमारी पूरी शिक्षा-दीक्षा, जीवन-पद्धति पर लटका रह जाता है। हिन्दी में तुम्हारे गुरु सुधीश पचौरी ने आधुनिक आलोचना की जमीन जरूर बदल दी है, लेकिन उत्तर-आधुनिकता को व्यावहारिक रचनाओं के माध्यम से पुष्ट नहीं किया जा रहा है। सुधीश जी, पता नहीं, जल्दी में हैं या क्या, वे लगातार खारिज करते जा रहे हैं, जबकि दाखिल भी करने की जरूरत है। अगर इसी तरह चलता रहा तो उत्तर-आधुनिकता हिन्दी में बाहरी ही रह जाएगी...'

उस दिन उन्होंने यह बताया था कि हिन्दी में मार्क्सवाद का जोर शायद ही कभी कम हो। इसका कारण वे यह मानते थे कि मार्क्सवाद के आलोचकों ने, खास कर नामवर सिंह ने, हिन्दी में मार्क्सवाद का रचनात्मक पक्ष बहुत मजबूती से तैयार

किया। आजादी के बाद 'नई कहानी' और 'नई कविता' दो सशक्त साहित्यिक आन्दोलन हुए। बाकी सब साहित्यिक आन्दोलन इनकी नकल थी। नामवर जी ने दोनों प्रमुख आदोलनों की रचनाओं को मार्क्सवाद से जोड़ दिया। सबसे बड़ी बात यह रही कि हिन्दी में मार्क्सवाद रूरल से अधिक कनेक्ट रहा। जिन लोगों ने शहरी या अर्बन मध्यवर्गीय जीवन की रचनाएँ रचीं, वे हिन्दी-बाहर। इसी आधार पर निर्मल वर्मा को विदेशी कहा जाने लगा क्योंकि उन्होंने एक तो अर्बन कहानियाँ कहीं और वहीं दूसरी ओर उनकी कहानियों में सामाजिक संघर्ष की जगह व्यक्तिगत संघर्ष को प्रमुखता दी गई, सामूहिकता के बरक्स अकेलेपन को। जबकि उन लोगों ने निर्मल के अकेलेपन की छटपटाहट को नजरअन्दाज किया। एक समय आएगा जब लोग निर्मल की कहानियों की तरफ दुबारा जाएँगे।

जोशी जी उन दिनों पूरी तरह से दाता मूड में रहते थे। 1980 के दशक के आरम्भिक वर्षों में उनको जिस टेलीविजन धारावाहिक या 'सोप ऑपेरा' विधा का जनक माना गया, वह विधा अब अधिक विस्तृत हो गई थी। उसका विषय-विस्तार अधिक हो चुका था, भाषा भी बहुत बदल चुकी थी। लेखक के रूप में जिस तरह की पेशेवर आजादी उनको टेलीविजन लेखन के आरम्भिक दौर में हासिल थी, वह जाती रही। पहले टीवी धारावाहिक के लेखक के रूप में उनका नाम होना ही सफलता की गारंटी मानी जाती थी। अब फार्मूला लेखन का दौर आ गया था और लेखक पहचानविहीन होता जा रहा था।

उस दौर में जोशी जी के लिखे धारावाहिकों का क्या हुआ, क्यों हुआ, इसके बारे में चर्चा बाद में।

मेरा यह सब बताने का उद्देश्य यह बताना है कि उन दिनों वे लम्बे समय बाद अपने जीवन में न तो किसी डेडलाइन के लिए कुछ लिख रहे थे, न ही साहित्यिक लेखन कर रहे थे। 'हमजाद' उपन्यास एक तरह से उपन्यासों में उनका पहला ऐसा प्रयोग था जो था तो बड़ी सम्भावना वाला लेकिन वह उनका पहला असफल उपन्यास भी साबित हुआ। 'हमजाद' न तो पाठकों में अधिक पढ़ा गया, न ही आलोचकों ने उसको लेकर कोई खास राय बनाई।

मुझे याद है, प्रसिद्ध लेखक विजयमोहन सिंह ने 'इंडिया टुडे' में उसकी समीक्षा करते हुए उसे एक बेस्टसेलर शैली का उपन्यास माना जिसे लेखक ने प्रसिद्धि और धनार्जन के लिए लिखा था, जबकि सच्चाई यह है कि उपन्यास को दोनों ही नसीब नहीं हुए।

उसके बाद वे कई तरह की उपन्यासों की योजना बनाते थे। कभी अपने पुराने उपन्यासों—'कपीशजी', 'किस्सा पौने चार यार'—को पूरा करने में या आगे बढ़ाने में लग जाते। साथ ही वे कई तरह की किताबें भी पढ़ते थे और सबसे बढ़कर वे उनके बारे में बताते भी थे।

मैं हिन्दी विभागों के ऐसे माहौल से निकलकर आया था जिसमें हम सारा समय एक सर की निन्दा करते हुए दूसरे सर के करीब जाते या किसी सर की पसन्द के लेखक पर अच्छा-सा कुछ लिख या बोलकर किसी सर की नजर में आ जाने की कोशिश में लगे रहते थे, जबकि जोशी जी या उनके वागीश जी जैसे मित्रों के यहाँ का माहौल ऐसा मिल रहा था जिसमें किताबों के अलावा, लेखकों की महानताओं के अलावा और कोई बात ही नहीं होती थी।

कई बार मेरे अन्दर मेरी अपनी हिन्दी वाली पृष्ठभूमि जाग जाती थी और मैं इधर-उधर की बातें करने लग जाता। एक बार उनके सामने मेरे मुँह से निकल गया कि नामवर जी तो अब लिखना ही भूल गए हैं।

सुनते ही जोशी जी बड़े गुस्से में आ गए और उन्होंने मुझे एक तरह से चेताते हुए कहा कि 'नामवर जी के बारे में कुछ भी बोलने से पहले सोच लिया करो। आज भी वे रात में एक किताब पढ़कर सोते हैं। सात जनम लोगे, तब भी उनके जैसा पढ़ पाओगे या नहीं, बताना मुश्किल है।' बल्कि इससे भी आगे बढ़ते हुए उन्होंने मुझे कहा कि, किसी भी बड़े लेखक की आलोचना करने से अधिक उनसे कुछ सीखने का प्रयास करना चाहिए।

नामवर जी के बारे में उनकी यह राय तब थी जब नामवर जी उनकी रचनाओं पर न के बराबर बोलते थे। प्रगतिशीलता पर बोलते हुए वे मनोहर श्याम जोशी पर बोलते भी नहीं थे।

बात उत्तर-आधुनिकता से शुरू हुई थी। याद आया कि उन्होंने उस दिन यह भी कहा था कि मार्क्सवाद और उत्तर-आधुनिकता में जो बड़ा अन्तर था, वह यह था कि हिन्दी में मार्क्सवादी आलोचना के केन्द्र में समाज का निम्न वर्ग, संघर्षरत मध्य वर्ग था, जबकि उत्तर-आधुनिकता ने मूलत: मध्यवर्गीयता को केन्द्र में रखा था। वह संघर्ष से अधिक आस्वाद पर जोर देता था।

उपभोक्तावाद विमर्श के केन्द्र में आ गया, इसीलिए वे मुझे बार-बार कहते थे कि समय के साथ रहना है तो अमेरिकी प्रकाशनों पर ध्यान रखो। एक जमाना था जब साहित्य के केन्द्र में रूसी या रूसी ढंग का साहित्य था। अब अमेरिकी ढंग का साहित्य हो गया है। इसीलिए देखो, बाजार, बिक्री आदि को किताबों की सफलता का पैमाना बनाया जा रहा है।

उन्हीं दिनों अरुंधति राय का उपन्यास 'गॉड ऑफ स्माल थिंग्स' प्रकाशित हुआ था। मेरी पीढ़ी उसके ऊपर बुरी तरह से रीझी हुई थी। उसमें मार्क्सवाद का खूब मजाक भी उड़ाया गया था। वे कहते थे कि इसमें कोई शक ही नहीं कि यह उपन्यास एक अच्छा उपन्यास है लेकिन ध्यान से देखोगे कि इसके पीछे बाजार के सभी मानक काम कर रहे थे—सबसे अधिक अग्रिम रॉयल्टी से लेकर बुकर अवार्ड तक और मार्क्सवाद का मजाक उड़ाना तक।

मुझे याद है, एक दिन मार्केज पर बोलते हुए उन्होंने कहा था कि असल में हम लोग जादुई यथार्थवाद के नाम पर अंग्रेजी भाषा और यूरोपीय वर्चस्व के जाल में उलझ जाते हैं। मुझसे उन्होंने कहा, 'क्या तुम यह जानते हो कि इसकी भाषा को स्पेनिश या लैटिन अमेरिकी आलोचकों ने कभी जादुई नहीं कहा। असल में मार्केज के उपन्यास 'वन हंड्रेड इयर्स ऑफ सॉलिट्युड' का सबसे बड़ा योगदान यही है कि उसने अंग्रेजी या यूरोपीय ढंग की उपन्यास-परम्परा के सामने एक ऐसा विकल्प रख दिया जो उनको अधिक अपना-सा लगने लगा। लेकिन तुम हिन्दी वाले बजाय इसके कि फणीश्वरनाथ रेणु से मार्केज की तुलना करते, समकालीन लेखन में अधिक उलझ गए। पढ़ोगे, तो समझ में आएगा कि भारतीय ग्रामीण जीवन का यथार्थ मार्केज के इस उपन्यास के अधिक करीब है। लेकिन कोई लिख नहीं रहा है।'

अमेरिकन सेंटर लाइब्रेरी जाता तो मैं था लेकिन वे अमेरिकी साहित्य की परम्परा का बहुत अच्छा ज्ञान रखते थे। कभी वे मुझे हेमिंग्वे के बारे में बताने लगते कि किस तरह उसने कहानियों में एक ऐसी तकनीक विकसित की जिसमें जो बात कही नहीं जाती थी, वही बात सबसे महत्त्वपूर्ण होती थी। इसको आलोचकों ने 'हिडेन फैक्ट' का नाम दिया। हिन्दी में निर्मल वर्मा की कहानियों में हेमिंग्वे की यह तकनीक अपने सबसे अच्छे रूप में दिखाई देती है।

इसी तरह वे फौकनर की वर्णनात्मकता के जादू के बारे में समझाते थे कि किस तरह वर्णनात्मक लेखन में फौकनर को महारत हासिल थी। उसी फौकनर के बारे में जिनको मार्केज ने एक महान लेखक के रूप में देखा था। फौकनर के बहाने से जोशी जी ने यह समझाया कि वह उस दौर के सबसे सघन लेखक हैं जिस दौर में पढ़ना बड़े पैमाने पर शौक होता था। पाठक फौकनर के बनाए माहौल में खो जाते थे। वे बताते—सबसे बड़ी बात यह है कि फौकनर की पहचान बहुत देर से बनी और जब बनी तो नोबेल प्राइज मिल गया।

मार्केज भी उनका बहुत बड़ा मुरीद था। खुद मार्केज को बहुत देर से लेखक के रूप में सफलता मिली थी।

मुझे लगता है कि देर से सफलता जोशी जी की ग्रन्थि बन चुकी थी। अगर आप मनोहर श्याम जोशी की किताबों के साथ छपे उनके परिचय को ध्यान से देखें तो उसमें दो बातें प्रमुख होती हैं : एक तो यह कि वे 21 साल की उम्र में पूर्ण रूप से मसिजीवी बन गए और दूसरी बात यह कि उनका पहला उपन्यास 47 की उम्र में आया। तब तक वे हर विधा में हाथ आजमा चुके थे। कहानियों, कविताओं में। अपनी कविताओं के बारे में उन्होंने यह बात कई बार कही है कि अज्ञेय तीसरा सप्तक में उनकी कविताओं को शामिल करना चाहते थे, लेकिन वे उनकी उन छोटी

कविताओं को शामिल करना चाहते थे जिनके ऊपर कुमाउँनी लोकगीतों का असर था और जो लिरिकल थीं। लेकिन जोशी जी चाहते थे कि उनकी लम्बी कविताओं को सप्तक में शामिल किया जाए, जो बौद्धिक थीं और प्रयोगात्मक भी। इसलिए उन्होंने समय पर अपनी कविताएँ अज्ञेय को दी ही नहीं।

1960 के दशक में उन्होंने तीन उपन्यास लिखना शुरू किया : 'अन्त और आदि', 'कन्शंग्श्यांगशवस्याओ' और 'किस्सा पौने चार यार', लेकिन इनमें से कोई उपन्यास पूरा नहीं हो पाया। 'कन्शंग्श्यांगशवस्याओ' एक साइंस फिक्शन था। यह उपन्यास तो पूरा नहीं हुआ लेकिन इसे लिखने के करीब 30 साल बाद उन्होंने 'हरिया हरक्यूलीज की हैरानी' नामक उपन्यास लिखा, जिसका नायक 'हरिया' 'कन्शंग्श्यांगशवस्याओ' उपन्यास का एक पात्र था।

उन्होंने रघुवीर सहाय पर लिखे अपने संस्मरण में लिखा है कि अपने आरम्भिक दोनों उपन्यास 'कुरु-कुरु स्वाहा...' और 'कसप' रघुवीर सहाय को पढ़ने के लिए दिये लेकिन रघुवीर सहाय ने उनके ऊपर कभी किसी तरह की प्रतिक्रिया नहीं दी।

जब उन्होंने मुझे यह प्रसंग सुनाया तो मैंने हँसते हुए कहा, 'जिस उम्र में आप उपन्यासकार के रूप में नई लेखकीय पारी शुरू कर रहे थे, उस समय तक रघुवीर सहाय एक महाकवि बन चुके थे। वे क्या, आपके किसी भी समकालीन लेखक ने आपके उपन्यास को गम्भीरता से नहीं लिया होगा।'

उन्होंने अपना चश्मा उतारा और अपनी आँखों को मलने लगे। बाद में मुझे समझ में आया कि जब वे बहुत चिढ़ जाते थे तो ऐसा करने लगते थे।

बात अमेरिकी लेखकों की चल रही थी तो वे मुझे उन अमेरिकी लेखकों के बारे में अधिक नहीं बताते थे जिनको सब जानते थे, बल्कि उन्होंने कुछ ऐसे लेखकों के बारे में बताया जिनके बारे में उनका यह कहना था कि इनको पढ़ोगे तो लिखने में गहराई आएगी।

ऐसे एक लेखक थे जेम्स एगी जो कवि, उपन्यासकार, फिल्म लेखक, फिल्म समीक्षक—सभी थे। उनको ऐसे लेखक बहुत पसन्द आते थे जो बहुधन्धी होते थे।

एगी ने 1950 के दशक की एक प्रसिद्ध फिल्म 'द अफ्रीकन क्वीन' की पटकथा लिखी थी। एगी की लिखी एक ऐसी किताब अमेरिकन सेंटर में थी जिसके बारे में उन्होंने कहा कि इसको ठीक से पढ़ लो, फिल्म समीक्षा लिखना सीख जाओगे : 'एगी ऑन फिल्म्स'।

सच में, फिल्मों को समझने के लिए उससे अच्छी किताब मुझे उसके बाद नहीं मिली। प्रसंगवश, जेम्स एगी का देहान्त शराबनोसी से कम उम्र में ही हो गया।

जोशी जी एक तो देर से सफलता को मानक मानते थे और दूसरे, ऐसे लोगों के प्रति उनका आकर्षण भी दिखाई देता था जिसका देहान्त अत्यधिक शराब पीने से

हुआ हो। उनके पिताजी का देहान्त भी कम उम्र में ही हो गया था और उनकी असमय मृत्यु का कारण भी यही था।

खैर, उन्होंने अमेरिकी लेखन में मुझे पारंगत बनाने में कोई कसर नहीं छोड़ी। मसलन, पहली बार फिलिप रोथ के लेखन से उन्होंने ही परिचित करवाया कि किस तरह उनके उपन्यासों में आत्मकथात्मक शैली में यथार्थ और कल्पना का कोलाज बनाया जाता है। वे भी जोशी जी की तरह बहुत लिक्खाड़ लेखक हैं।

लेकिन जिस लेखक के उपन्यास पढ़वाने के लिए मैं उनको याद करता हूँ, वे इ.एल. डॉक्ट्रो थे। उनके उपन्यास 'रैग टाइम' को पढ़ने की सलाह देते हुए उन्होंने बताया था कि असल में यह अंग्रेजी का आरम्भिक उत्तर-आधुनिक उपन्यास है। बल्कि जिस शैली के लिए मार्केज को जाना जाता है, जिस जादुई यथार्थ की शैली को उनसे एकाकार करके देखा जाता है, लैटिन अमेरिकी लेखन की पहचान के रूप में देखा जाता है, उसकी जड़ें असल में अमेरिकी लेखन में पहले से थीं जिसके उदाहरण इ.एल.डॉक्ट्रो थे और 'रैग टाइम' सच में एक यादगार उपन्यास है।

इसी तरह सौल बेलो के उपन्यासों की दुनिया से भी मेरा परिचय उन्होंने ही करवाया था।

एक बार मैंने उन्हें अपने शहर सीतामढ़ी के एक व्यक्ति के बारे में बताया जो देश के बड़े-बड़े लोगों को पत्र लिखा करता था। वह इसके अलावा और कुछ नहीं करता था। जीवन में भयानक रूप से असफल था लेकिन बड़े-बड़े लोगों को पत्र लिखा करता था।

यह किस्सा सुनते ही उन्होंने मुझे सलाह दी कि सौल बेलो का उपन्यास 'हर्जौग' पढ़ो। हर्जौग का कथानायक पत्र लिखता रहता है।

अब हर्जौग की बात चल रही है तो एक किस्सा और सुनाता हूँ। एक बार 'हंस' पत्रिका में किसी प्रकरण में उन्होंने कथानायक के पत्र लिखते रहने का सन्दर्भ दिया और सौल बेलो के उपन्यास के स्थान पर उपन्यास का नाम 'द ह्युबोल्ट्स गिफ्ट' छप गया। शायद उनसे बोलने में असावधानी हो गई थी। 'हंस' का अंक आया तो वे बहुत परेशान थे कि इसको कैसे ठीक करवाया जाए।

मैंने कहा, 'सर, कौन समझेगा? सब आपको अमेरिकी साहित्य का विद्वान् समझते हैं।'

उन्होंने कहा, 'अरे, और कोई नहीं तो कृष्ण बलदेव वैद इस गलती को पकड़ लेगा। उसकी नजर से कुछ नहीं छूटता।'

संयोग से कुछ देर बाद ही वैद साहब का फोन भी आ गया और उन्होंने जोशी जी की इस गलती की तरफ ध्यान दिलाते हुए उन पर तंज कसा, 'और बोल-बोलकर मत लिखवाया करो जोशी।'

उन दिनों अमेरिका में तकनीकी प्रगति का दौर शुरू हुआ था और उसको लेकर लिखा भी खूब जा रहा था। पैट्रन मेंबर होने के कारण जोशी जी को पुस्तकालय की तरफ से यह सुविधा भी मिली हुई थी कि उनको प्रमुख अमेरिकी जर्नल्स के कंटेंट की सूची भेजी जाती थी जिसमें वे जिन लेखों की माँग करते, उन लेखकों के रिप्रिंट उनको डाक से भेज दिये जाते थे। तब वे सिर्फ तकनीक से जुड़ी सामग्रियों का अध्ययन करते थे। मुझे अक्सर कहते कि 'आनेवाले समय में समाज पूरी तरह तकनीक-आधारित हो जाएगा। तकनीक लोगों को गुलाम भी बना लेगी और उनको मुक्त भी कर देगी। तुमको भी इसके बारे में पढ़ना चाहिए।'

लेकिन तब न मैं इतना सोच पाता था, न ही मेरे पल्ले कुछ पड़ता था।

बाद के दिनों में जोशी जी ने 'दैनिक हिन्दुस्तान' में 'इक्कीसवीं सदी' शीर्षक से एक स्तम्भ लिखना शुरू किया जिसका संकलन पुस्तक के रूप में प्रकाशित भी हुआ।

अभी हाल में उस किताब को पढ़ते हुए यही सोच रहा था कि हम अब जिस दुनिया में जी रहे हैं, वे उस दुनिया को कितना पहले समझ गए थे! हिन्दी के किसी और लेखक ने इस तरह से तकनीक पर लिखा हो, मुझे याद नहीं पड़ता। उन दिनों उनकी कही एक-एक बात याद आती है कि आनेवाले समय में तकनीक हिन्दी को विचार की जकड़ से आजाद कर देगी।

उन्हीं दिनों उन्होंने मुझे बताया था, 'मेरे चचाजाद भाई पूरन दा ने एक बार मुझे यह कहा था कि आदमी को अपने जीवन के आरम्भ में ही 100 किताबों की सूची बना लेनी चाहिए और बार-बार उनका ही अध्ययन करना चाहिए। जीवन और लेखन के बहुत से सूत्र हाथ आते हैं।'

कमबख्त करीब बीस साल हो गए, लेकिन मेरी उन सौ किताबों की सूची आज तक पूरी नहीं हो पाई।

हमने माना, रहेंगे दिल्ली में, पर खाएँगे क्या

मनोहर श्याम जोशी जी से मैं इसलिए मिला था क्योंकि मैं उनके उपन्यासों पर पी-एच.डी. कर रहा था। मैं पहला ऐसा शोधार्थी था जो उत्तर-आधुनिक सन्दर्भों में उनके उपन्यासों पर शोध कर रहा था। लेकिन मजेदार बात यह रही कि वे मुझे कहानी लिखना पढ़ाते रहे, अमेरिकन सेंटर लाइब्रेरी के चक्कर लगवाते रहे, किताबों की दुनिया की सैर करवाते रहे। उन्होंने कभी यह नहीं पूछा कि शोध की क्या प्रगति है? शोध कब पूरा होगा? हद तो यह रही कि न तो मैंने उनको कभी अपनी पी-एच.डी. की प्रति दी, न ही उन्होंने मुझसे कभी मेरे शोध प्रबन्ध की प्रति माँगी। उलटे उन्होंने इस बात की पूरी कोशिश की कि भले मैं शोध करूँ या न करूँ लेकिन अकादमिक दुनिया से किसी भी तरह का नाता न जोड़ूँ।

सच बताऊँ तो शोध का वह पूरा ताना-बाना ही इसलिए था क्योंकि मुझे यू.जी.सी. की फेलोशिप मिलती थी। जैसे-जैसे फेलोशिप समाप्त होने का समय नजदीक आता जा रहा था, वैसे-वैसे यह डर सताता जा रहा था कि अब क्या होगा? दिल्ली विश्वविद्यालय में नौकरी की कोई सम्भावना दिखाई नहीं दे रही थी। मेरे समकालीन अपना जो समय अपने गुरुओं के आगे-पीछे करने, उनकी नजर में आने में लगाते थे, वह समय मैं कहानी लिखना सीखने, विश्व साहित्य पढ़ने, जोशी जी से दिशा-निर्देश लेने में लगा रहा था। इससे भी बड़ी समस्या यह थी कि जिसके कारण प्राध्यापकी मिल पाना असम्भव लग रहा था, वह कारण यह था कि मेरे शोधगुरु सुधीश पचौरी थे। उन दिनों हिन्दी विभागों के वे प्रतिपक्ष की तरह माने जाते थे। विश्वविद्यालयों में नौकरी पूरी तरह से गुरुओं की कृपा और उनके प्रताप से ही मिलती थी। आज भी उसी तरह मिलती है। मेरे गुरु पचौरी जी की कृपा तो मेरे ऊपर पूरी थी लेकिन उनका स्वयं का प्रताप नहीं था।

अब पचौरी साहब का प्रसंग आ गया है तो कुछ बातें और।

मैं उनका पहला शोधछात्र था। जब दिल्ली विश्वविद्यालय के हिन्दी विभाग ने उन्हें मेरा शोध-निर्देशक नियुक्त किया तो मैं उनसे मिलने गया। उन्होंने बाकायदा

मेरा साक्षात्कार लिया बल्कि साफ तौर पर यह भी कह दिया कि एक तो मैं आपको नौकरी दिलवाने की स्थिति में नहीं हूँ; दूसरे, मेरे कारण हो सकता है, आपको परेशानी भी उठानी पड़े।

लेकिन उन दिनों सुधीश पचौरी ने जड़ हिन्दी समाज को ऐसा झकझोर दिया था कि हम एक तरह से उनके दीवाने हो गए थे। लिखने की एक नई शैली, विषयों को नये अन्दाज से उठाने के कारण सुधीश जी को पढ़ना उन दिनों हिन्दी विभागों के मूढ़ प्राध्यापकों की बोरिंग क्लास की ऊब को मिटा देता था। हिन्दी विभाग सूर, तुलसी, कबीर से आगे बढ़ता था तो निराला, मुक्तिबोध, रघुवीर सहाय में उलझकर रह जाता था। उनमें समकालीनता का सिरे से अभाव था, जबकि सुधीश जी हर विषय को समकालीन सन्दर्भों से जोड़कर देखते थे। इसलिए उनकी उक्त बातों का कोई खास प्रभाव मेरे ऊपर नहीं पड़ा और मैंने उनसे साफ शब्दों में कह दिया, 'सर, मुझे आपके निर्देशन में ही शोध करना है।'

लेकिन जैसे-जैसे समय गुजरता जा रहा था, वैसे-वैसे फेलोशिप बन्द होने का वक्त करीब आता जा रहा था। इससे मन उचटने-सा लगा था। पहले, हफ्ते में कम-से-कम एक बार तो जरूर जोशी जी के घर किताबें लाने-ले जाने के सिलसिले में जाता था, पर अब उस मामले में मैं बेपरवाह हो गया था।

जैसे-जैसे इस बात का अहसास होता जा रहा था कि सुधीश पचौरी सर ने सही कहा था कि उनके स्टूडेंट होने से मैं जो फायदा चाहता था, हो सकता है, वह मुझे हो जाए लेकिन नौकरी का तो सवाल ही नहीं उठता था, वैसे-वैसे अचानक बेरोजगार हो जाने का खौफ बढ़ता जा रहा था।

वह जमाना और था। उस जमाने में हिन्दी पढ़नेवालों के लिए मौके बहुत सीमित होते थे। सबसे बड़ा मौका कॉलेज में पढ़ाना ही माना जाता था। पत्रकारिता का नम्बर उसके बाद आता था। बाकी मौके मुम्बई में थे। शायद उन दिनों जोशी जी से जुड़ने का एक बड़ा कारण यह भी था कि उनके माध्यम से, उनके रसूख का इस्तेमाल करते हुए मैं मुम्बई जाना चाहता था। लेकिन सच बताऊँ तो फेलोशिप और पी-एच.डी. तक पढ़ाई के कारण वह अपेक्षित साहस मेरे अन्दर नहीं था कि सब कुछ छोड़कर मुम्बई चला जाऊँ।

ऊपर-ऊपर तो यह सब दिखाई दे रहा था कि पी-एच.डी. के बाद भी कुछ नहीं होनेवाला था, लेकिन मन में फिर भी एक आस थी कि अच्छी पढ़ाई-लिखाई का कुछ तो सिला मिलेगा। अचानक मैंने जोशी जी की बताई रीडिंग लिस्ट की किताबें पढ़नी छोड़ दी थीं।

उन्हीं दिनों जोशी जी मुझे लाइब्रेरी से अर्नेस्ट हेमिंग्वे की कहानियों की किताब 'द कम्प्लीट शॉर्ट स्टोरीज ऑफ अर्नेस्ट हेमिंग्वे' लाने के लिए कहा। मैं ले आया।

मुझे यह तो पता था कि हेमिंग्वे को नोबेल पुरस्कार मिला था। उनके उपन्यास 'ओल्ड मैन एंड द सी' की एक प्रति होस्टल में अपने सीनियर रविकान्त के कमरे में मुझे दिखाई भी दी थी लेकिन मैंने उसे कभी पढ़ने की कोशिश नहीं की थी। कहानियों के नाम पर विदेशी कथाकारों में मोपासां, चेखव की कहानियों के अनुवाद हिन्दी में उपलब्ध थे, लेकिन हेमिंग्वे की कहानियाँ तो हिन्दी अनुवाद में कहीं दिखाई भी नहीं देती थीं कि पढ़ता।

जब मैं हेमिंग्वे की सम्पूर्ण कहानियों की किताब लेकर उनके यहाँ गया तो उस दिन उन्होंने हेमिंग्वे की कहानी-कला के बारे में विस्तार से बताया। बताया कि हेमिंग्वे जैसी कहानियाँ लिखना आसान नहीं है। वह अपने जैसे अकेले थे। उनकी कहानियों में जो व्यक्त करना होता था, वह अव्यक्त रह जाता था। आलोचकों ने उनकी इस तकनीक को 'हिडेन फैक्ट' कहा। आधुनिक एब्स्ट्रैक्ट चित्रकला की तरह अमूर्तन में कहीं गहरे छिपा अर्थ, इसके बावजूद पठनीयता और रोचकता। इसी कारण से उनकी कई कहानियाँ कलाकृतियों की तरह लगती हैं।

उसके बाद उन्होंने हेमिंग्वे की सम्पूर्ण कहानियों का संग्रह उठाया और उसमें से कुछ कहानियों पर पेंसिल से टिक लगाने लग गए। कुछ कहनियों के नाम मुझे आज भी याद हैं—द स्नो ऑफ किलिमंजारो, हिल्स लाइक व्हाइट एलिफैंट, ए क्लीन वेल लिटेड प्लेस...। उसके बाद उन्होंने यह कहते हुए मुझे किताब वापस की कि निर्मल वर्मा का कहानी संग्रह 'पिछली गर्मियों में' पढ़ना, शायद इनमें से कुछ कहानियों की याद आ जाए।

उनसे किताब लेकर मैं वापस आ गया। लेकिन मैंने हेमिंग्वे की कहानियाँ पढ़ीं ही नहीं। क्योंकि उन दिनों मैं दूसरी ही धुन में था।

मेरा पुराना दोस्त राकेश रंजन कुमार, जिसको हम 'महाशय' बुलाते थे, मुम्बई में अभिनय और लेखन के छोटे से दौर के बाद दिल्ली लौट आया था। हम दोनों उन दिनों कैरियर में एक से संकट से गुजर रहे थे और उनसे निकलने के लिए एक-सी योजनाओं के ऊपर काम कर रहे थे। जोशी जी की हर किताब में उनके परिचय में लिखा होता है : '21 साल की उम्र से पूर्णत: मसिजीवी'। हम दोनों ने भी यह तय किया कि अब मसिजीवी ही बनना है। कलम से लिखना है, लिखकर कमाना है।

असल में बात सिर्फ जोशी जी के साहित्यिक परिचय को पढ़ने की नहीं थी। कुछ साल पहले (1993 में) वेद प्रकाश शर्मा का उपन्यास 'वर्दी वाला गुंडा' आया था। अपने जीवनकाल में ऐसी लोकप्रियता मैंने किसी उपन्यास की नहीं देखी। इस उपन्यास की असाधारण सफलता ने हम जैसे असफल लोगों के मन में यह आशा जगा दी थी कि इस तरह के उपन्यास लिखकर भी नाम और पैसा, दोनों कमाया जा

सकता है। हालाँकि सच बताऊँ तो उस समय तक मैंने अखबारों में कुछ समीक्षाएँ लिखने के अलावा कुछ और लिखा नहीं था। हाँ, योजनाएँ बहुत सारी बनाईं लिखने की। उनमें सबसे नई योजना यह बनी कि मैं और महाशय मिलकर जासूसी उपन्यास लिखें। इसके लिए पेन नेम तय किया गया। बजाय कोई ब्रांड नेम चुनने के हमने नाम चुना—'रंजन-राकेश'। उन दिनों मेरे सबसे प्रिय लेखक मोहन राकेश थे इसलिए उन्हीं के नाम की तर्ज पर यह नाम रखा। नाम रखे जाने के बाद आगे की रणनीति बनने लगी।

हम दोनों ने यह तय किया कि अब 'रंजन-राकेश' के नाम से जासूसी उपन्यास लिखे जाएँ। दोनों मिलकर लिखेंगे और नाम और पैसा, दोनों कमाएँगे। भाड़ में जाए मुम्बई, यहीं रहेंगे और लेखक की शान से जिएँगे।

उस समय दिल्ली में बुराड़ी में राजा पॉकेट बुक्स का नाम नया-नया चमका था। मैंने यह तय किया कि एक उपन्यास की योजना लेकर राजा पॉकेट बुक्स के दफ्तर में जाया जाए। मैं सीनियर था इसलिए मैंने फैसला सुनाया कि महाशय प्रकाशक से जाकर डील करे और मैं कमरे में बैठकर लिखूँगा। आखिर वह मुम्बई रिटर्न था। उसके पास एक बायोडाटा था जिसमें महेश भट्ट से लेकर रामगोपाल वर्मा और न जाने कितने फिल्म निर्माताओं-निर्देशकों की कभी न बन पाई फिल्मों और धारावाहिकों के नाम दर्ज थे, जिनका वह लेखक होता था। मैंने उसे समझाया कि उसके पास बेचने के लिए नाम था और मेरे पास लिखने का आइडिया। एक बार बाजार में आने की देर है, बस, फिर हमारी जोड़ी को सफल होने से कोई रोक नहीं सकता था।

पंचांग देखकर मैंने बुधवार का समय शुभ पाया और महाशय को राजा पॉकेट बुक्स, बुराड़ी के लिए रवाना कर दिया और उसके जाते ही कमरे में बैठकर उसके वापस आने का इन्तजार करने लगा।

तीन-चार घंटे बाद महाशय आया तो बहुत गुस्से में था। कहने लगा, 'ये पॉकेट बुक्स वाले बहुत बदमाश होते हैं, आपको इस बात का पता था, इसीलिए आपने मुझे भेजा, खुद नहीं गए।'

वाटर कूलर का ठंडा पानी पीने के बाद उसने कहानी बयान की :

जैसे ही उसने राजा पॉकेट बुक्स के मालिक को अपना बायोडाटा दिखाया और उपन्यास लिखने की पेशकश की तो मालिक बायोडाटा में महेश भट्ट का नाम देखकर चिढ़ गया। उसने महाशय के लिखे बड़े-बड़े धारावाहिकों के नाम देखे और उसके चेहरे को देखा, जिस पर संघर्ष की गहरी खराशें थीं, कपड़ों में पुरानापन था। मालिक गुस्से में आ गया। बोला, 'तूने महेश भट्ट के साथ काम किया है तो यहाँ क्यों आ गया है? सच-सच बता, तुझे किसने भेजा है? यहाँ से कोई मक्खी भी निकलकर नहीं जा सकती, तू तो इनसान है।'

महाशय ने घबड़ाते हुए कहा, 'किसी ने नहीं भेजा है। मैं दिल्ली आया था तो सोचा कि एक उपन्यास ही लिख लूँ। इसीलिए आपके यहाँ आया।'

असल में उन दिनों पॉकेट बुक्स की दुनिया में एक दूसरे के आइडिया को चुराने का खेल खूब होता था और इसलिए राजा पॉकेट बुक्स के मालिक को यह लगा कि महाशय कोई जासूस है। जब उसे यकीन हो गया कि वह सच में लेखक ही है तो उसने कहा, 'देख, आजकल दिल्ली में कारों की चोरी खूब हो रही है। जा, दस दिन में एक उपन्यास 'कार-चोरी' पर लिखकर ला। दो हजार नकद दूँगा।'

हिन्दी का लोकप्रिय साहित्य अपने आखिरी दौर में था। घोस्ट ब्रांड बनाने, उनको चमकाने का खेल चल रहा था। एक दूसरे के ब्रांड को गिराने के लिए प्रकाशकों में षड्यंत्र चलता रहता था। अभी हाल में सुरेन्द्र मोहन पाठक ने अपनी आत्मकथा के पहले खंड 'न बैरी, न कोई बेगाना' में उस दौर की घातों-भीतराघातों के बारे में बहुत कुछ लिखा भी है। महाशय को तब उसका अनुभव हुआ था और मुझे उसके माध्यम से।

महज दो हजार ?—हमारे सपनों का महल धराशायी हो गया। हम कोसने लगे कि ये पोपुलर वाले बड़े ठग होते हैं। इतना बड़ा काम हम महज दो हजार रुपयों के लिए नहीं करेंगे। हमारे पास तब पैसे बिलकुल नहीं थे लेकिन दो हजार में एक उपन्यास लिखने में हमें तौहीन महसूस हो रही थी।

रंजन राकेश की जोड़ी बनने से पहले ही टूट गई।

बाद में महाशय (राकेश रंजन कुमार) ने एक फिल्म निर्देशित की : 'गांधी टू हिटलर' और मैं साहित्यिक कहानियों के नाम पर महाशय के रोमांचक जीवन की कहानियाँ लिखने लगा।

आजकल मैं महाशय की दूसरी फिल्म का इन्तजार कर रहा हूँ और वह मेरे पहले उपन्यास का!

इस बड़े ख्वाब के टूटने के बाद मेरे लिए फिर समस्या यह खड़ी हुई कि अब किस ख्वाब का सहारा लूँ खड़ा होने के लिए?

महाशय के पास हर ख्वाब के टूटने के बाद एक शरणस्थली होती थी। ओबीसी आरक्षण लागू होने के बाद से जब भी उसका कोई ख्वाब टूटता या उसकी कोई योजना फेल हो जाती तो वह यू.पी.एस.सी. की तैयारी करने लग जाता। उसने होस्टल में मेरा कमरा छोड़ दिया और पीछे स्टाफ क्वार्टर में यू.पी.एस.सी. की तैयारी के नाम पर रहने लगा।

आसन्न बेरोजगारी के दिनों में जब मुझे कोई आसरा नहीं सूझता था तो मैं जोशी जी की शरण में पहुँच जाता था।

उन दिनों मैंने बोलना ही बन्द कर दिया था। जोशी जी किताबों के बारे में बातें करना चाहते थे। अरुंधति राय के उपन्यास 'गॉड ऑफ स्माल थिंग्स' की असाधारण सफलता पर, सलमान रुश्दी के असफल उपन्यास 'मूर्स लास्ट साई' के बारे में, बहुत सारे लेखों के बारे में बातें करना चाहते थे।

उन्हीं दिनों 'न्यू यॉर्कर' में पीको अय्यर का लेख छपा था : 'ग्लोबल मैन', जिसमें पीको अय्यर ने यह लिखा था कि ग्लोबलाइजेशन के कारण पूरी दुनिया में एकसापन होता जा रहा है यानी आप कहीं भी जाइए, लगता ही नहीं है कि आप कहीं और आ गए हैं। सब जगह एक से होटल, एक-सा खाना, एक-सी सुविधाएँ, स्थानीयताओं का लोप होता जा रहा है।

उन्हीं दिनों फ्रेंच विद्वान पियरे बोर्दियु के एक लेख का अनुवाद पुरुषोत्तम अग्रवाल ने किया था, जो 'जनसत्ता' में प्रकाशित हुआ था। बोर्दियु ने भी कुछ ऐसा ही लिखा था कि मीडिया के कारण एक जैसी संस्कृति का प्रसार होता जा रहा है। विविधता के स्थान पर एकसापन बढ़ता जा रहा है।

जोशी जी यह बताते रहते थे लेकिन मैं अब उनकी बातों में उतनी दिलचस्पी नहीं लेता था।

मैं उनको बताने लगता कि हिन्दी विभागों में नियुक्तियों में किस तरह से विचारधारा के नाम पर जातिवाद का बोलबाला था, किस तरह गुरुओं की सेवा करने पर नियुक्ति होती थी, किस तरह नियुक्तियों में कुछ गुरुओं का बोलबाला रहता था।

मेरे गुरु की उत्तर-आधुनिकता उनको रास नहीं आ रही थी और मेरे लिए दिल्ली विश्वविद्यालय या दिल्ली के किसी विश्वविद्यालय में नौकरी पा सकना असम्भव हो गया था।

वे मुझे समझाने की कोशिश करते कि 'तुम अच्छे स्टूडेंट हो। अच्छे विद्यार्थियों को मौका मिलता ही है, इतना अधीर नहीं होना चाहिए।'

लेकिन मैं अपना राग अलापता रहता था। मैं कहता कि पत्रकारिता करना चाहता तो हूँ लेकिन उसमें बहुत नीचे स्तर से शुरुआत करनी होगी, जबकि मेरी शिक्षा अधिक थी। मेरी बातों का मतलब यह होता था कि मुझे अध्यापक ही बनना है और उस दिशा में रास्ते बन्द हैं। असल में मैं यह चाहता था कि उनको अपनी बातों से इतना करुण बना दूँ कि वे मुझे धारावाहिक लिखने का कोई काम दिला दें।

लेकिन हालात ऐसे थे कि जिस लेखक को टेलीविजन धारावाहिकों का पितामह कहा जाता था, 'हमलोग', 'बुनियाद' जैसे धारावाहिकों के लेखक के रूप में जिसका नाम घर-घर लिया जाता था, अब उसका दौर बीत चुका था।

उनके जीवन में पहली बार ऐसा दौर आया था जब वे पूरी तरह से खाली हो गए थे। अखबार में स्तम्भ लिख रहे थे लेकिन फिल्म या धारावाहिकों की योजनाएँ आगे

नहीं बढ़ पा रही थीं। फिल्म की तरह ही टीवी इंडस्ट्री भी मुम्बई के लेखकों के हवाले हो चुकी थी।

शायद वे मेरे मन की बात समझ गए थे। वे समझ गए थे कि मैं चाहे पी-एच.डी. करूँ या नहीं, पढ़ाने का मौका मुझे किसी सूरत में नहीं मिलने वाला था। वे मुझे कई विकल्प सुझाते रहते, जिनमें मुम्बई जाने का विकल्प सबसे लुभावना होता था। लेकिन टीवी धारावाहिकों के सबसे बड़े स्टार लेखक को मैंने दिल्ली में ही बैठकर मुम्बई के बड़े-बड़े निर्माताओं को बोल्ड करते देखा था।

एक बार असगर वजाहत ने मुझे बताया कि फिल्मों में राही मासूम रजा से बड़ा सफल कोई साहित्यिक लेखक नहीं हुआ। वे मूलत: संवाद लिखते थे। 80 के दशक में यह कहा जाता था कि मद्रास (अब चेन्नई) में बनने वाली फिल्मों के संवादों को जब तक राही साहब को दिखा नहीं लिया जाता था तब तक वह ओके नहीं होता था। उनके बारे में मशहूर था कि मद्रास की आबोहवा रास नहीं आने के कारण वे सुबह की फ्लाइट से मद्रास जाते, सेट पर संवाद लिखते और शाम की फ्लाइट से वापस मुम्बई वापस आ जाते थे। हर रात वे सोते मुम्बई में ही थे। असगर साहब ने बताया कि एक समय में उन्होंने 125 फिल्में साइन कर रखी थीं।

जब मैंने यह किस्सा जोशी जी को सुनाया तो वे हँसते हुए बोले, 'सब बकवास है। इन लोगों ने जितनी फिल्में लिखी हैं, उससे ज्यादा तो टीवी धारावाहिक मैंने उस दौर में छोड़े थे।'

खैर, यह किस्सा आगे। मैं कहना यह चाह रहा था कि ऐसे स्टार लेखक के आसपास होने के कारण मुझे यह लगता ही नहीं था कि लिखने के लिए मुम्बई जाने की जरूरत थी। मैं दिल्ली में रहना चाहता था और उनके ही सहारे रहना चाहता था। वे इस बात को समझ गए थे शायद।

एक दिन बोले, 'सोच रहा हूँ, 'भोवाल संन्यासी' वाले रिसर्च को आगे बढ़ाऊँ।'

इस प्रसंग पर आगे बढ़ने से पहले यह बताता चलूँ कि बंगाल के 'भोवाल संन्यासी' के किस्से से वे बहुत प्रभावित थे। 90 के दशक के आरम्भिक वर्षों में उन्होंने उसके ऊपर काम करना शुरू किया था।

संक्षेप में इसका किस्सा यह था कि 20वीं शताब्दी के आरम्भिक वर्षों में बंगाल में 'भोवाल' नामक एक जमींदार कुमार अपने मरने के दशकों बाद फिर से जी उठा और एक संन्यासी के रूप में अपने राज्य में वापस लौटा। सबने उसको पहचानकर कहा कि वह सही व्यक्ति है लेकिन उसकी पत्नी ने उसको पहचानने से इनकार कर दिया। मुकदमा चला और लम्बे मुकदमे के बाद वह जीत गया। जिस दिन जीतकर वह अपनी हवेली में वापस लौटा, उसके अगले ही दिन मर गया।

इस कहानी में संयोग, वास्तविकता, देशभक्ति, रहस्य, रोमांच—सब कुछ था। यह एक ऐतिहासिक प्रसंग है। कहा जाता है कि संन्यासी विद्रोह के संन्यासियों ने

बंगाल में अंग्रेजों से सत्ता हथियाने की रणनीति बनाई थी। भोवाल पर उन्होंने उसी रणनीति के तहत कब्जा किया था।

खैर, यह उनकी दीर्घावधि योजना की तरह थी। सबसे पहले बासु चटर्जी के कहने पर उन्होंने फिल्म के रूप में इसको लिखना शुरू किया।

बात चल निकली है तो यह भी बताता चलूँ कि मुम्बई जाने से पहले मेरे दोस्त राकेश रंजन कुमार ने जब काम के सिलसिले में जोशी जी का दरवाजा खटखटाया, उस समय जोशी जी 'जमीन-आसमान' लिख रहे थे और उसका लेखन समाप्त होने ही वाला था। उन्होंने तब उसे 'भोवाल संन्यासी' के काम में ही लगाया था। महाशय को उन्होंने बताया कि 'यह एक बड़े धारावाहिक के रूप में सामने आएगा, इसलिए इसके शोध में मन लगाकर काम करो।' जोशी जी ने मूल बांग्ला स्रोतों से 'भोवाल संन्यासी' को लेकर अंग्रेजी में सैकड़ों पृष्ठ के नोट्स बनाए थे। राकेश रंजन कुमार को उन्होंने अंग्रेजी में लिखे गए उन नोट्स को हिन्दी में अनुवाद करने का काम दिया।

मैंने यह महसूस किया कि वे किसी को महज इसलिए काम से नहीं जोड़ते थे कि उनका काम उसकी मदद के बिना चल नहीं सकता बल्कि अक्सर इसलिए जोड़ते थे ताकि उसी बहाने सामने वाले युवा की कुछ मदद कर सकें। इसलिए जब मैंने अपने संकटों की गाथा गाना शुरू किया तो उन्होंने 'भोवाल संन्यासी' की फाइल खोल दी।

इस बार उन्होंने मुझे काम समझाया कि बहुत सारे अलग-अलग स्रोतों से उनके पास 'भोवाल संन्यासी' को लेकर परस्पर विरोधी कथाएँ थीं। चूँकि मैं पी-एच.डी. कर रहा था इसलिए मुझे उन कथाओं में से कथा के किसी एक सूत्र की तलाश का काम करना था।

अभी मैं इस दिशा में कुछ करता कि 'गाथा' का काम आ गया। रमेश सिप्पी के साथ जोशी जी ने 'बुनियाद' लिखी थी। बुनियाद ने बतौर लेखक जोशी जी को जबरदस्त तरीके से स्थापित किया तो रमेश सिप्पी के लिए भी 'बुनियाद' टीवी का 'शोले' साबित हुआ। वह आज भी कल्ट है। यह बात अलग है कि आज 'बुनियाद' न तो यू-ट्यूब पर उपलब्ध है, न किसी और स्रोत से उसके एपिसोड देखे जा सकते हैं। इसलिए आज जो पीढ़ी युवा है, वह उस जादू को नहीं समझ सकती, जिसने 80 के दशक के मध्य में हिन्दुस्तान-पाकिस्तान के दर्शकों को एक कर दिया था।

तो भारत की आजादी की 50वीं वर्षगाँठ के अवसर पर दूरदर्शन के लिए यही जोड़ी 'गाथा' के साथ उसी इतिहास को दोहराना चाहती थी। आजादी के कुछ महीने पहले से उसकी कहानी शुरू होती थी इसलिए जोशी जी ने मुझे उसके शोध में लग जाने के लिए कहा।

मेरा काम यह था कि आजादी के एक महीने पहले से रोज-रोज अखबारों में क्या छप रहा था, इसका रोजनामचा तैयार करूँ। तब 'हिन्दुस्तान टाइम्स' के पुस्तकालय

में 10 रुपये में एक महीने के अखबार की फाइल देखी जा सकती थी। वहाँ 'हिन्दुस्तान' और 'हिन्दुस्तान टाइम्स' अखबार की पुरानी फाइलें मौजूद थीं। मैं रोज वहीं बैठकर काम करने लगा।

कहानी एक हिन्दू परिवार और एक मुसलमान परिवार के माध्यम से आगे बढ़नेवाली थी। आजादी के आसपास से शुरू होनेवाली वह कहानी एक बार फिर से 'बुनियाद' धारावाहिक का अहसास दिलाते हुए आगे बढ़कर पचास साल के दौर की कहानी होनेवाली थी। सब काम बहुत जल्दी-जल्दी में हो रहा था। वे रोज लिखवाते थे। तब तक कम्प्यूटर पर टाइप तो होने लगा था लेकिन ईमेल का दौर नहीं आया था। रोज का लिखा हुआ शाम में मुम्बई फैक्स से भेजा जाता। रमेश सिप्पी के साथ कहानी जमाने को लेकर काफी माथापच्ची चल रही थी।

जहाँ तक मुझे पता है, रमेश सिप्पी ने वह धारावाहिक सीधे मनोहर श्याम जोशी के साथ शुरू नहीं किया था, बल्कि सबसे पहले शायद शमा जैदी ने उस धारावाहिक की कहानी का ढाँचा खड़ा किया था। फिर एक या दो लेखकों के माध्यम से होते हुए वह कहानी जोशी जी के पास पहुँची। रमेश सिप्पी का यह मानना भी था कि पीरियड ड्रामा जोशी जी से अच्छा कोई नहीं लिख सकता था।

शूटिंग शुरू हुई। लेकिने कुछ एपिसोड्स में ही कहानी बिखर गई।

स्टार प्लस ने बड़ी धूमधाम से इस धारावाहिक को लांच किया था, लेकिन पहले 12 एपिसोड के बाद रमेश सिप्पी ने बिना जोशी जी को बताए लेखक बदल लिया। आगे इस धारावाहिक को सचिन भौमिक ने लिखा।

मेरी जानकारी में टीवी के लिए लिखा गया जोशी जी का यह पहला धारावाहिक था जिसमें लेखक के रूप में उनका नाम होने के बावजूद कुछ खास सुगबुगाहट नहीं हुई। एक लेखक के रूप में उस माध्यम में वे पहली बार असफल साबित हुए जिस माध्यम को उन्होंने अपने शब्दों से खड़ा किया था।

मुझे याद है, उन्हीं दिनों 'जनसत्ता' में मंगलेश डबराल के कहने पर एक परिचर्चा के लिए उनसे मैंने बातचीत की। बातचीत के दौरान उन्होंने कहा था, 'पहले मुझे लगता था कि टीवी एक ऐसा माध्यम है जो लेखकों को खुलकर, विस्तार से लिखने की आजादी देता है, उनको पहचान देता है, लेकिन अब वह दौर बीत गया है। जब एक चैनल था तो विविधता दिखाई देती थी। अब चैनल तो अनेक हो गए हैं लेकिन विविधता के स्थान पर एकसापन बढ़ता जा रहा है। ऐसे में लेखक इस माध्यम के लिए फेसलेस हो गया है। उसको वही लिखना पड़ता है जो दूसरे लिख रहे होते हैं। सबको एक-सा लेखन करना पड़ रहा है।'

वे दुखी हुए थे कि रमेश सिप्पी ने उनको बिना बताए 'गाथा' धारावाहिक के लेखन से उनको हटा दिया था और उनकी जगह सचिन भौमिक का नाम जाने लगा। लेकिन वे एक पेशेवर लेखक थे। प्रोजेक्ट को सफल बनाने के दबाव और पेशेवर मजबूरियों

को जानते और समझते थे। वे इस बात को समझ चुके थे कि टीवी की इस नई क्रान्ति के बाद अब टेलीविजन जगत के लिए वे एक लेखक के रूप में अप्रासंगिक हो चुके थे। टेलीविजन की कहानियाँ बदल चुकी थीं, भाषा बदल चुकी थी।

अब लिख ही रहा हूँ तो मैं अपनी राय भी लिखकर व्यक्त कर देता हूँ कि मुझे भी 'गाथा' की कहानी ने प्रभावित नहीं किया था। वे बहुत साहित्यिक, गहरे शोध के पश्चात् 'गाथा' के माध्यम से एक राजनीतिक स्टेटमेंट देने का प्रयास कर रहे थे। लेकिन शायद तब तक टीवी का दर्शक ऐसी गहरी बातों का अभ्यस्त नहीं रह गया था। बनाने वालों और देखने वालों के बीच एक नई पीढ़ी आ चुकी थी। वे न तो अपनी कहानी, न ही भाषा के माध्यम से उस पीढ़ी को बाँध पाए। प्रसंगवश, 'गाथा' जोशी जी का अन्तिम प्रसारित धारावाहिक साबित हुआ।

उनका जो हुआ सो हुआ लेकिन मेरे लिए फिर एक नया संकट आ गया। तीन-चार महीने जोशी जी ने 'गाथा' के शोध के नाम पर मुझे ठीक-ठाक पैसे दिये। अब परियोजना से जब वे ही बाहर हो गए थे तो मैं क्या करता?

इससे पहले कि मैं अपनी कुछ कहता, उन्होंने कहा, ''भोवाल संन्यासी' पर काम शुरू करते हैं। कोई फिल्म बनाए या न बनाए, धारावाहिक बनाए या नहीं बनाए, शोध तो पूरा कर लेते हैं। बाद में मैं इस पर उपन्यास लिख लूँगा।'

काम शुरू हुआ। काम क्या, काम तो उन्हीं को करना था। सब सामग्री उनके पास थी। उसी दौरान मुझे पता चला कि वे मूल बांग्ला भी पढ़ लेते थे और 'भोवाल संन्यासी' पर बांग्ला में लिखी बहुत सारी सामग्री भी उनके पास थी : अदालत में चली बहसों और जज के फैसले की फाइलें। 'भोवाल संन्यासी' केस पर उन्होंने काफी लम्बे समय तक और काफी विस्तार से काम किया।

जब पहली बार इस परियोजना के मद में शोध के नाम पर कुछ धन आया था, तब भूपेन्द्र अबोध ने इसके लिए बाकायदा शोध किया था। बाद में वे इस परियोजना को अक्सर मेरे जैसे युवाओं की मदद करने के लिहाज से पुनः शुरू कर देते थे।

उन दिनों उनके लिए 'भोवाल संन्यासी' की कथा को लेकर लिखने का मौका भी मिला। इस बार वह मौका इलाहाबाद के मित्र प्रकाशन वालों ने दिया जब उन्होंने एक जमाने की हिन्दी की सबसे लोकप्रिय पत्रिका 'मनोहर कहानियाँ' को दुबारा प्रकाशित करने का सिलसिला शुरू किया। उसके सम्पादक बने भूपेन्द्र अबोध, जो जोशी जी से 'साप्ताहिक हिन्दुस्तान' के दिनों से जुड़े हुए थे।

उनके विशेष अनुरोध पर जोशी जी ने 'मनोहर कहानियाँ' में 'भोवाल संन्यासी' की इस कथा को धारावाहिक लिखना शुरू कर दिया। अच्छा भुगतान भी हो रहा था। लेकिन पत्रिका शायद साल-भर भी नहीं चल पाई। 'मनोहर कहानियाँ' का वह आखिरी प्रयोग विफल रहा। साथ ही, जोशी जी का धारावाहिक उपन्यास भी बीच में रुक गया।

लेकिन जोशी जी टीवी धारावाहिकों के बहुत पेशेवर लेखक थे। हमेशा शेड्यूल से आगे का लिखकर तैयार रखते थे। इस उपन्यास की भी आगे की कई किस्तें उन्होंने लिख रखी थीं। प्रसंगवश, उनके मरणोपरान्त 'कौन हूँ मैं' नाम से यह उपन्यास प्रकाशित हुआ।

यह 'मनोहर कहानियाँ' के लिए लिखा गया था इसलिए इसमें जोशी जी की अपनी शैली, अपनी भाषा का खेल नहीं है। वे इसका एक साहित्यिक वर्जन भी लिख रहे थे। वे भोवाल के राजकुमार की पहचान को लेकर चले संघर्ष की कथा को उत्तर-आधुनिक पहचानों के विमर्श से जोड़कर लिखना चाहते थे। एक ऐसा आदमी है जिसको सब पहचान लेते हैं, तब भी उसको इस बात को साबित करने के लिए कि वह वही आदमी है, 20 साल की कानूनी लड़ाई लड़नी पड़ती है।

इस धारावाहिक उपन्यास लेखन के दौरान शम्भुदत्त सती टाइप करते थे और मैं उसके प्रूफ पढ़ता था। कहीं कोई गलती रहने पर उस तरफ ध्यान दिलाता था। मेरा यही काम उन्होंने निर्धारित किया था। लेकिन वे यह चाहते थे कि जब वे बोलकर कहानी लिखवाएँ तो मैं वहाँ मौजूद रहूँ। वे जिस तरह से कहानी गढ़ते थे, उसको सुनते हुए सीखूँ।

जिन दिनों वे 'गाथा' लिखवा रहे थे, उन दिनों भी मैंने उसके बहुत से एपिसोड उनको लिखवाते हुए सुने। सुबह से शाम तक में वे बोलकर एक घंटे का एक एपिसोड लिखवा देते थे और वह भी बिना रुके, बिना अटके। लेकिन अजीब बात यह है कि जब भी वे कोई साहित्यिक कृति लिखते थे तब उसे बार-बार लिखवाते थे। उनकी एक-एक रचना के कई-कई ड्राफ्ट मौजूद रहते थे। 'भोवाल संन्यासी' की कहानी के 'मनोहर कहानियाँ' संस्करण के अलावा भी उसके कई वर्जन मौजूद थे। उनके जीते-जी यह पूरा नहीं हुआ बल्कि उनके सतत लिखे जा रहे उपन्यासों में एक बन गया।

कई साल बाद प्रसिद्ध इतिहासकार पार्था चैटर्जी की किताब आई : 'प्रिंसली इम्पोस्टर'। यह किताब भी भोवाल के राजकुमार के संन्यासी बन जाने की घटना की कहानियों और इतिहास को बताने की मुकम्मिल कोशिश थी। उसकी एक प्रति लेकर जब मैं उन्हें देने गया तो वे बोले, 'देखो, एक बार फिर से संयोग हो गया। पिछली बार मारवाड़ी समुदाय पर काम किया तो अलका सरावगी का उपन्यास 'कलिकथा' आ गया और इस बार इस विषय पर एक बड़े इतिहासकार ने लिख दिया।' फिर चश्मा हटाकर कुछ देर तक आँखों को मलते रहे, फिर बोले, 'मैं तो उपन्यास लिख रहा हूँ।'

उसके बाद वे बताने लगे कि 'इस उपन्यास ने इस बात को उठाया है कि जिन्दगी में संयोगों की कितनी भूमिका होती है। हम अक्सर उनको देख नहीं पाते, समझ नहीं पाते। हमारे भीतर पश्चिमी शिक्षा व्यवस्था ने इतनी तार्किकता भर दी है

कि हम संकेतों को देखते हुए भी नहीं देखने के आदी हो गए हैं। उनको समझते हुए भी न समझने के आदी हो चुके हैं।'

वे उपन्यास लिख रहे थे। मैं बैठकर सुनता था और सती जी टाइप करते थे। इस सबके बीच अपनी आसन्न बेरोजगारी की बात दिमाग में कहीं पीछे चली गई थी।

लेकिन मैंने अपना अप्रोच व्यावहारिक बनाए रखा।

कुछ दिनों बाद हिन्दी का पहला केन्द्रीय विश्वविद्यालय खुला : 'महात्मा गांधी अन्तरराष्ट्रीय हिन्दी विश्व-विद्यालय'। उसके पहले कुलपति अशोक वाजपेयी बनाए गए। अशोक जी ने विश्वविद्यालय की परिकल्पना तैयार करने के लिए जिन लोगों का चुनाव किया, उनमें वागीश शुक्ल भी थे।

जिस दिन जोशी जी ने मुझे यह बात बताई, मैं समझ गया कि शायद मुझे उधर कुछ काम मिल सकता है। उम्मीद की एक किरण दिखाई दी। उम्मीद की उस किरण को जोशी जी ने मुझसे पहले ही आगे बढ़कर रोशनी बनाने की कोशिश शुरू कर दी। उनके प्रयासों से वागीश जी ने मुझे वहाँ एक शोध परियोजना का हिस्सा बनवा दिया। वह शोध परियोजना 'महाभारत' और 'रामायण' के विविध पाठों के संकलन पर केन्द्रित थी।

नौकरी मिलने के बाद एक दिन मैं उनके पास मिठाई लेकर गया। उनको मिठाई बहुत पसन्द थी। देखते ही थोड़े नाराज हो गए। बोले, 'इतने दिनों में तुम यह भी नहीं समझ पाए कि मुझे औपचारिकताएँ पसन्द नहीं हैं? इस सबकी कोई जरूरत नहीं थी।' मुझसे पूछा, 'कैसा महसूस कर रहे हो?'

मैंने कहा, 'नौकरी मिल गई।'

हँसते हुए बोले, 'मुदर्रसी मुबारक हो! मैं तो तुमको विद्रोही समझता था लेकिन तुम भी हिन्दी वाले ही निकले। हिन्दी के लेखकों का सारा संघर्ष नौकरी पाने तक ही होता है। खुशी अपनी जगह है लेकिन मुझे दु:ख हो रहा है कि तुम मध्यवर्गीय मानकों से ऊपर नहीं उठ पाए।'

शाम गहरा चुकी थी। अचानक उनकी इस बात का मुझे कोई जवाब नहीं सूझा। अँधेरे में मैंने मुँह छिपाया। देर हो जाने पर बस न मिलने का बहाना बनाया और वहाँ से उठकर बाहर निकल आया।

किस्से रहे अधूरे, पूरी हुई कहानी

बात 'गाथा' की चल रही थी। उसके 12 एपिसोड के बाद जोशी जी का नाम धारावाहिक से हटा दिया गया था। उन्होंने आगे लिखने की इच्छा भी जाहिर नहीं की। रमेश सिप्पी ने उनके स्थान पर इंडस्ट्री के कुछ चर्चित लेखकों की सेवाएँ लीं लेकिन धारावाहिक फिर भी नहीं चल पाया।

कई कारण थे।

यह बात लोग नहीं जानते हैं कि 'गाथा' के माध्यम से मनोहर श्याम जोशी और रमेश सिप्पी की जोड़ी एक बार फिर 'बुनियाद' बनाना चाहती थी। रमेश सिप्पी के ऊपर स्टार टीवी का भरोसा भी बहुत था। उसके हिन्दीकरण का काम रतिकान्त बसु के सीईओ काल में शुरू हुआ था। रतिकान्त बासु दूरदर्शन से आए थे और उनके दिमाग में 'बुनियाद' का करिश्मा बसा हुआ था। उन्हें लग रहा था कि जिस तरह से 'बुनियाद' ने भारत में पोर्टेबल टीवी क्रान्ति की भूमिका तैयार की थी, उसी तरह से 'गाथा' स्टार टीवी को घर-घर पहुँचा देगा।

इसीलिए 'गाथा' की कहानी में भी आजादी के पूर्व और आजादी पश्चात की कहानी थी।

पहले भी बता चुका हूँ कि इस बार केन्द्र में दिल्ली के दो हिन्दू-मुसलमान घरानों की दोस्ती और रंजिश थी। आजादी के बाद का बदलता राजनीतिक परिवेश था। 'गाथा' का आरम्भ 1942 की राजनीतिक घटनाओं के साथ हुआ और उसमें भी 'बुनियाद' की तरह पीरियड सेटअप दिया गया था। बहुत अच्छी डिटेलिंग की गई थी। लेकिन मुझे लगता है कि 1982 और 1996 के दर्शकों के अन्तर को दोनों समझ नहीं पाए। वे नये दर्शकों को पुरानी कहानी, वह भी पुरानी शैली में परोस रहे थे। भारतीय टीवी का दर्शक अब लम्बी-लम्बी राजनीतिक बहसों, उच्चभ्रू भाषा को सुनने वाला नहीं रह गया था।

संयोग से उसी समय आजादी के 50 साल के अवसर पर 'दूरदर्शन' ने भी 'युग' नामक एक धारावाहिक का प्रसारण शुरू किया। वह भी 'गाथा' की तरह डेली सोप था। उस समय युवा निर्देशक सुनील अग्निहोत्री के इस धारावाहिक के

प्रमुख लेखक कमलेश्वर थे। मनोहर श्याम जोशी टीवी के पुराने 'स्टार' लेखक थे जबकि कमलेश्वर ने दूरदर्शन के लिए हाल में ही देवकीनन्दन खत्री लिखित 'चन्द्रकान्ता' पर आधारित धारावाहिक लिखा था जिसे नीरजा गुलेरी ने निर्देशित किया था। यह बेहद लोकप्रिय रहा। प्रसंगवश, कमलेश्वर के साथ लेखकों की जो टीम इस धारावाहिक के लेखन में काम कर रही थी, उसमें अरुण प्रकाश भी थे।

खैर, 'गाथा' के सन्दर्भ में उसको याद करने का कारण है। दोनों धारावाहिक आजादी के 50 साल के जलसे को ध्यान में रखते हुए तैयार करवाए गए थे। दोनों के पास स्टार लेखक थे। लेकिन 'गाथा' में शोध और पिक्चराइजेशन के ऊपर बहुत मेहनत की गई थी। उसमें कोशिश यह की गई थी कि एक कहानी के माध्यम से भारत के 50 साल का विमर्श रखा जा सके। 'बुनियाद' की सफलता के पीछे इसी तरह की तैयारी थी। कहते हैं कि उस धारावाहिक का शोध इतना अच्छा था कि जब उसका प्रसारण होता तो दिल्ली-लाहौर एक हो जाता था।

लेकिन 'युग' की कहानी के केन्द्र में गांधी के विचार बनाम सुभाष के विचार, क्रान्तिकारियों द्वारा देश को आजाद करवाने की कोशिशों को रखा गया था। कहानी लाउड थी लेकिन अपीलिंग थी। देशभक्ति के मूड में सराबोर कर देनेवाली। धारावाहिक चल गया। दो साल तक बिना किसी बाधा के इसका प्रसारण होता रहा।

मैंने कभी भी जोशी जी को 'गाथा' के बन्द हो जाने का कोई खास अफसोस करते हुए नहीं देखा क्योंकि मुझे लगता है कि वे इस बात को समझ चुके थे कि नये दौर के दर्शक वर्ग के अनुकूल वे नहीं लिख पाए। लेकिन 'युग' की सफलता से वे बहुत दुखी रहते थे। उस धारावाहिक की कहानी का जो मॉडल था, वह उसे 'कुशवाहा कान्त स्टोरी मॉडल' कहते थे।

उनका मानना था कि कुशवाहा कान्त का उपन्यास 'लाल रेखा' एक 'कल्ट' उपन्यास था। कल्ट उपन्यास इसलिए क्योंकि इसने महज एक रोमांटिक कहानी ही नहीं दी बल्कि एक ऐसा कथा-ढाँचा दिया जिसे जहाँ-जहाँ, जब-जब आजमाया गया, वहाँ-वहाँ, तब-तब वह ढाँचा सफल रहा। विद्रोही नायक, प्रेम और कर्तव्य का द्वन्द्व, देश के स्वतंत्रता-संग्राम जैसी किसी बड़ी घटना को केन्द्र में रखना, और सब कुछ बहुत रोमांचक तरीके से इस तरह प्रस्तुत करना कि पढ़ने वाले को सामने घटित होता हुआ दिखाई दे। उन्होंने एक बार कहा था कि अकेले 'लाल रेखा' उपन्यास में जितने प्रकार के कथा-मॉडल हैं, उतने पूरे हिन्दी साहित्य में नहीं हैं। जैसे मनुष्य के व्यक्तित्व से जुड़े सभी पहलुओं को एक कथा-सूत्र में बाँध दिया गया हो! इसी को वे 'कुशवाहा कान्त स्टोरी मॉडल' कहते थे।

बहरहाल, उनका कहना था कि असल में 'युग' में यही मॉडल है इसीलिए यह बहुत सफल है। वे रोज 'युग' देखते थे और जब मिलता तो कहते कि कितनी बनावटी कहानी है—एकदम कुशवाहा कान्त के उपन्यास की तरह!

मैं सोचता रह जाता था कि जब इनको इतना सैद्धांतिक ज्ञान है, इस बात को समझते हैं कि कहानी में सफलता का सूत्र क्या होता है तो इन्होंने स्वयं वैसा क्यों नहीं लिखा?

'युग' 'चन्द्रकान्ता' के बाद कमलेश्वर लिखित दूरदर्शन का दूसरा सफल धारावाहिक साबित हुआ।

बात चल रही है तो इसी से जुड़ा एक और प्रसंग यह है कि एक बार जब मैं जोशी जी के घर बैठा हुआ था तब कमलेश्वर जी का फोन आया। फोन पर उन्होंने जोशी जी को 'लाखों दिलों की धड़कन' कहा (ऐसा जोशी जी ने मुझे बताया था कि जब से मनोहर श्याम जोशी टीवी धारावाहिक लेखक के रूप में प्रसिद्ध हुए थे तब से कमलेश्वर जी उनको लाखों दिलों की धड़कन कहकर बुलाते थे), तो जवाब में जोशी जी ने कहा कि 'हम तो लाखों तक ही रह गए, तुम तो करोड़ों दिलों की धड़कन बन गए... ?

मनोहर श्याम जोशी का टीवी धारावाहिकों के स्टार लेखक होने का जलवा 'गाथा' के साथ समाप्त हो गया। पहली बार निर्देशकों को यह समझ में आया कि जोशी जी का लिखा कोई धारावाहिक असफल भी हो सकता था। कमलेश्वर का नाम उस समय टीवी धारावाहिक लेखकों में बहुत बड़ा नाम हो गया था।

'गाथा' की असफलता के बाद रतिकान्त बासु ने हिन्दी के पुराने धारावाहिकों का प्रसारण शुरू किया जिनमें सबसे प्रमुख था 'बुनियाद'। संयोग से 'बुनियाद' ने दर्शकों को दुबारा 'गाथा' से अधिक प्रभावित किया।

जोशी जी खुश तो थे लेकिन दुखी भी थे कि पुन:प्रसारण से निर्माता तो कमा रहे थे लेकिन लेखक को कुछ भी भुगतान नहीं किया गया।

उन्हीं दिनों स्टार प्लस ने 'चन्द्रकान्ता' का पुन:प्रसारण किया। कमलेश्वर जी और नीरजा गुलेरी के बीच झगड़े शुरू हो गए। कमलेश्वर उस प्रोजेक्ट से अलग हो गए। उन्हीं अनुभवों को लेकर उन्होंने एक कहानी लिखी : 'तुम्हारा शरीर मुझे पाप के लिए पुकारता है'।

एक दिन कमलेश्वर जी के यहाँ गया तो वे इसी कहानी के बारे में बताने लगे। टेलीविजन इंडस्ट्री के अन्दर की हकीकत को लेकर वह अकेली कहानी है। इस कहानी को पढ़ते हुए रतिकान्त बासु का आभास भी होता है, साथ ही नीरजा गुलेरी और कमलेश्वर जी का भी। पता नहीं, कहानी कहाँ छपी थी लेकिन कमलेश्वर जी के 'समग्र कहानियाँ' संकलन में यह कहानी मौजूद है।

उससे कुछ समय पहले बासु चटर्जी के लिए जोशी जी कन्नड़ भाषा के प्रसिद्ध लेखक भैरप्पा के उपन्यास 'उल्लंघन' की पटकथा लिखी थी।

वह उपन्यास बहुत क्रान्तिकारी है। दक्षिण भारतीय समाज के जातीय संघर्ष की

पृष्ठभूमि की इस कहानी की 13 एपिसोड की पटकथा लिखकर उन्होंने बासु चटर्जी को भेज दी थी। यह धारावाहिक दूरदर्शन से स्वीकृत था।

बासु दा ने जोशी जी को न तो इसकी शूटिंग के बारे में कुछ बताया, न ही यह कि इसका क्या हुआ। जब इसका प्रसारण होने लगा तो जोशी जी को पता चला। उसमें उनका नाम भी नहीं था। बाद में उनके लिखे धारावाहिक को बासु दा ने किसी और से लिखवाया, क्योंकि वह उन्हें पसन्द नहीं आया था।

दोनों के बीच मतभेद बढ़े तो सुलह-समझौता करवाया राजेन्द्र यादव ने। जो बकाया था, उसका भी कुछ हिस्सा जोशी जी को वापस दिलवाया और 'उल्लंघन' के लिखे एपिसोड का 'हंस' में प्रकाशन भी किया ताकि जनमानस में यह बात चली जाए कि उसका लेखन मनोहर श्याम जोशी ने किया था। बाद में धारावाहिक में भी उनका क्रेडिट गया लेकिन मूल लेखक के रूप में नहीं।

खैर, यह धारावाहिक भी लोगों की स्मृतियों में नहीं ठहरा। केवल 'हंस' में इसका प्रकाशित अंश बचा रह गया ताकि सनद रहे।

जोशी जी की बहुत सारे धारावाहिकों, कई फिल्मों की पटकथाएँ कभी पर्दे पर साकार नहीं हो पाईं। उन्हीं पटकथाओं की सूची में एक पटकथा थी : 'कजरी'। यह भी उनका एक ऐसा महत्त्वाकांक्षी प्रोजेक्ट था जिसके ऊपर कभी काम शुरू ही नहीं हो पाया।

इसकी मूल कहानी पटना के भूपेन्द्र अबोध की लिखी थी। यह कहानी एक ऐसी स्त्री के जीवन पर आधारित थी जो तवायफ के घर जन्मी और बाद में प्रोफेसर बनी। अबोध जी ने स्त्री-संघर्ष की इस कहानी पर पटकथा लिखने के लिए मनोहर श्याम जोशी को साइन किया।

यहाँ यह बता दूँ कि अबोध जी को मनोहर श्याम जोशी ने 'साप्ताहिक हिन्दुस्तान' में रखा था और उन्होंने उनके साथ अनेक प्रोजेक्ट्स में काम भी किया। 'मुंगेरीलाल के हसीन सपने' धारावाहिक में जो बिहारी टच दिखाई देता है, वह भी उन्होंने अबोध जी की सहायता से किया था। भूपेन्द्र अबोध आजीवन जोशी जी के शिष्य बने रहे। उनकी मृत्यु के बाद उन्होंने उनके ऊपर एक किताब भी लिखी : 'सागर थे आप'।

'कजरी' की फिल्म का किस्सा आगे बढ़ा और अबोध जी को पटना का एक निर्माता मिला जिसने 20 लाख रुपये उस फिल्म में लगाए। लेखक के रूप में जोशी जी को साइन करने के बाद उन्होंने उस फिल्म में बतौर अभिनेत्री रेखा को साइन किया। लेकिन 20 लाख रुपये खत्म हो गए। वह निर्माता आगे पैसे देने से मुकर गया और एडवांस वापस करने का रिवाज फिल्म जगत में कभी रहा नहीं है इसलिए 20 लाख रुपये खर्च करने के बावजूद फिल्म पन्ने से परदे तक का सफर तय नहीं कर पाई।

जोशी जी को इस बात का हमेशा अफसोस रहा कि अगर यह फिल्म समय पर बन गई होती तो सम्भवत: नायिकाप्रधान फिल्मों में आरम्भिक फिल्म साबित होती।

चूँकि यह कहानी मनोहर श्याम जोशी को बहुत अपील कर गई थी इसलिए अब उन्होंने इसे अपने जरिये आगे बढ़ाना शुरू किया। उन्होंने इसकी कहानी कल्पना लाजमी को सुनाई। उन्हें भी यह कहानी बहुत पसन्द आई। उन्होंने उसी समय एक लाख रुपये का एडवांस दिया और कहा कि अभी पक्का नहीं है कि वे इसके ऊपर फिल्म बनाएँगी या टीवी धारावाहिक, लेकिन बनाएँगी जरूर।

उसके बाद 'कजरी' के प्रोजेक्ट के ऊपर कल्पना लाजमी के साथ उनकी एकाध मीटिंग और हुई। लेकिन उसके बाद कल्पना लाजमी गायब हो गईं। न तो उन्होंने पलटकर फोन किया, न ही कभी मनोहर श्याम जोशी के फोन करने पर आईं।

उस जमाने में एक लाख का एडवांस बड़ा होता था और जोशी जी को यह उम्मीद नहीं रही होगी कि कोई एक लेखक को एक लाख का एडवांस देकर ऐसे भी भूल सकता है। लेकिन वह भूल चुकी थीं।

उन दिनों कॉलेज के समय का मेरा दोस्त इम्तियाज अली 'इम्तिहान' नामक एक टीवी धारावाहिक निर्देशित कर रहा था और साथ में 'पुरुष क्षेत्र' नाम का एक टीवी शो भी कर रहा था, जिसकी निर्माता किरण खेर थीं।

उसी दौरान एक बार इम्तियाज से मिलने पर मैंने पूछा कि क्या वह इस बात का पता लगा सकता है कि कल्पना लाजमी मनोहर श्याम जोशी की कहानी 'कजरी' के ऊपर काम करना चाहती हैं कि नहीं?

इम्तियाज ने बताया कि वह बनाना चाहती थीं और उन्होंने इम्तियाज को उसे निर्देशित करने के लिए भी कहा था, लेकिन जोशी जी के साथ मुलाकातों में कल्पना लाजमी को ऐसा महसूस हुआ कि वह इंडस्ट्री के लेखकों की तरह चुपचाप निर्देशक की बात नहीं मानते थे बल्कि अपनी बात मनवाने के लिए बहुत जिद करते थे। इसलिए कल्पना लाजमी को लगता रहा कि अगर इस लेखक के साथ काम किया तो यह परेशानी खड़ी कर सकता था। उनकी लड़ाई के किस्से मशहूर हो चुके थे।

टीवी इंडस्ट्री में मनोहर श्याम जोशी की लड़ाई के कई किस्से थे। एक किस्सा इसलिए सुना रहा हूँ क्योंकि इसका सम्बन्ध इस कहानी से है कि वे बड़े लड़ाकू हैं। यह किस्सा उन दिनों यानी 95-96 के दौरान फिल्म-टीवी जगत में बहुत लोकप्रिय हुआ क्योंकि इसका सम्बन्ध महेश भट्ट से था। 1995-96 में जोशी जी को महेश भट्ट प्रोडक्शन ने कई टीवी धारावाहिकों और फिल्मों के लिए साइन किया था। इनमें सबसे पहला धारावाहिक था : 'जमीन-आसमान'। अच्छी शुरुआत के बाद बीच में इस धारावाहिक को उन्होंने इसलिए छोड़ दिया क्योंकि इसकी सहायक

निर्देशिका तनुजा चन्द्रा से उनकी ठन गई और इस लड़ाई में महेश भट्ट ने अपनी निर्देशिका का ही पक्ष लिया।

जब मुझे जोशी जी ने यह बात सुनाई थी तो उस समय मुझे ऐसा लगा था कि जोशी जी सही थे। लेकिन आज सोचता हूँ तो लगता है कि वे गलत थे।

असल में मनोहर श्याम जोशी ने जिस दौर में सोप ऑपेरा लिखना शुरू किया था, उस दौर में लेखक को टीवी ने स्टार बनाया। वे लगभग एक दशक तक टीवी के स्टार लेखक माने जाते रहे, जब उनके लेखक होने का मतलब होता था धारावाहिक का सफल हो जाना। लोग निर्देशक का कम, उनका नाम ज्यादा याद रखते थे। 'हमलोग' को आज कितने लोग यह कहकर याद करते हैं—पी. कुमार. वासुदेव निर्देशित धारावाहिक 'हमलोग'? हमेशा यह कहा जाता है—मनोहर श्याम जोशी लिखित भारतीय टेलीविजन इतिहास का पहला धारावाहिक 'हमलोग'। उस दौर में दूरदर्शन एकमात्र चैनल था इसलिए उनका नाम चलता था। 1994 में प्रसारित धारावाहिक 'हमराही' तक यह सिलसिला चला। इस धारावाहिक में इरफान खान ने भी अभिनय किया था और हिमानी शिवपुरी को देवकी भौजाई के किरदार ने घर-घर पहुँचा दिया। यह बात आज बहुत लोग नहीं जानते हैं कि इस धारावाहिक को अमेरिका में टीवी धारावाहिक का 'एमी अवार्ड' मिला था।

90 के दशक में निजी टीवी चैनलों को प्रसारण की अनुमति मिलने के बाद लेखकों की वह बादशाहत खत्म हो गई लेकिन जोशी जी शायद इसको समझते हुए भी स्वीकार नहीं कर पाए। जोशी जी टीवी धारावाहिक भी किसी गम्भीर उपन्यास की तरह लिखना चाहते थे जो मनोरंजक शैली में हो, जबकि नई पीढ़ी के निर्देशकों का पूरा जोर मनोरंजन पर ही होता था। इसी वजह से उन्होंने 'जमीन-आसमान' छोड़ दिया क्योंकि उनको लगता था कि इस कहानी को बहुत नहीं बढ़ाया जाना चाहिए लेकिन निर्माताओं को लगता था कि दर्शक पसन्द कर रहे हैं, कमाई हो रही है तो इसे बन्द क्यों किया जाए? वे भर्ती के एपिसोड लिखने के लिए राजी नहीं हुए।

लेकिन 'जमीन-आसमान' छोड़ने का असर उनकी फिल्म 'पापा कहते हैं' के ऊपर हुआ। 'पापा कहते हैं' शायद अकेली ऐसी फिल्म थी जिसका जब टीवी पर ऐड आता था तो उसमें 'मनोहर श्याम जोशी द्वारा लिखित' लिखा होता था। इतना आदर शायद ही उस दौर में किसी लेखक को दिया गया हो। महेश भट्ट का जलवा था लेकिन फिल्म के प्रचार में जोशी जी का नाम पहले आता था।

बिछड़े बाप-बेटी की कहानी को, 'लॉस्ट एंड फाउंड' की शैली की इस कहानी को जोशी जी थोड़ा करुणात्मक लिखना चाहते थे, बल्कि लिखा भी था लेकिन महेश भट्ट इस फिल्म को मनोरंजक शैली में बनाना चाहते थे। वे कहानी में

बदलाव सुझाते तो जोशी जी सुझाव के बदले सुझाव देते। जब यह सब बढ़ने लगा तो महेश भट्ट ने उनको छोड़ा और सत्यदेव दुबे की शरण में गए।

आज भी यह फिल्म मनोहर श्याम जोशी के नाम से ही जानी जाती है लेकिन इस फिल्म के रिलीज होने पर जोशी जी ने कहा था कि 'इस फिल्म में मेरे नाम के अलावा कुछ भी नहीं है।'

सारे सीन बदल दिये गए, और सेशल्स में फिल्म की शूटिंग के लोकेशन पर सत्यदेव दुबे को बतौर लेखक ले जाया गया। फिल्म नहीं चली। इसका दोष लेखक को दिया गया, जिसने महेश भट्ट जैसे निर्देशक को ठीक से फिल्म निर्देशित नहीं करने दी। फिल्म से मनोहर श्याम जोशी का नाम होना चाहिए था, लेकिन बदनामी हुई।

अलबत्ता जावेद अख्तर के लिखे गाने खूब चले। आज भी इस फिल्म की याद आते ही यह गीत याद आता है : 'घर से निकलते ही कुछ दूर चलते ही, रस्ते में है उसका घर...'

इसी झगड़े की कहानी जब कल्पना लाजमी ने सुनी तो वह इतना डर गईं कि उन्होंने फिर कभी मनोहर श्याम जी से सम्पर्क ही नहीं किया।

लेकिन 'कजरी' चलती रही। उन्होंने कई कोशिशें कीं। जब कहीं कुछ नहीं हुआ तो उन्होंने इसके ऊपर उपन्यास लिखने का मन बनाया। 'कजरी' पर उनका यह उपन्यास भी अधूरा ही रह गया।

उनके निधन के बाद मनोहर श्याम जोशी की पत्नी भगवती जोशी जी ने 'कजरी' के ऊपर उपन्यास लिखने का काम वापस भूपेन्द्र अबोध को ही सौंप दिया, जिनकी यह मूल कहानी थी। अबोध जी के निधन के साथ 'कजरी' की कहानी पर फाइनल फुल स्टॉप लग गया।

'कजरी' के साथ एक और धारावाहिक, जिसका जिक्र जरूरी लगता है, वह है 'संघर्ष'।

19वीं शताब्दी के बंगाल को केन्द्र में रखकर लिखे गए इस धारावाहिक का अगर निर्माण हुआ होता तो सम्भवतः यह भारतीय टेलीविजन का सबसे बड़ा पीरियड धारावाहिक होता।

19वीं शताब्दी में किस तरह से बंगाल में आजादी की लड़ाई के लिए संघर्ष हो रहा था, किस तरह वहाँ के लोग भूमि के लिए संघर्ष कर रहे थे, और इन सबकी वजह से किस तरह एक नया मध्यवर्ग पैदा हो रहा था, जोशी जी ने 'संघर्ष' में इन सब पहलुओं को बहुत अच्छी तरह कथात्मक रूप दिया था।

इस पटकथा को लेकर रमेश सिप्पी धारावाहिक बनाना चाहते थे, लेकिन पहले उन्होंने जोशी जी की लिखी फिल्म 'भ्रष्टाचार' का निर्माण और निर्देशन किया।

फिल्म नहीं चली और इस कारण उन दोनों के बीच जिन बहुत-सी योजनाओं के लिए जो तालमेल हुआ था, सब अधर में रह गया था।

उन्हीं सूचीबद्ध योजनाओं में एक फिल्म थी : 'जमीन'। इस फिल्म की तो काफी हद तक शूटिंग भी हो चुकी थी, लेकिन फिल्म कभी पूरी नहीं हुई और फिल्मी भाषा में कहें तो डिब्बे में बन्द हो गई।

उसके बाद 'संघर्ष' की कहानी पर बासु चटर्जी धारावाहिक बनाना चाहते थे लेकिन इस कहानी का बजट इतना अधिक था कि वे उतना धन ही नहीं जुटा पाए। इस परियोजना पर उन्होंने इतना शोध किया था कि इसे पूरा देखने का मोह अन्त तक उनके मन में बना रहा। बाद में उन्होंने अपने विद्वान मित्र वागीश शुक्ल को इसके ऊपर उपन्यास लिखने के लिए कहा। वागीश जी ने भी नहीं लिखा।

जोशी जी को 'संघर्ष' के न बनने का दु:ख लम्बे समय तक बना रहा।

उन्हीं दिनों कमल हासन ने गोविन्द निहलानी की फिल्म 'द्रोहकाल' के तमिल राइट्स लिये थे। उस पर फिल्म बनाई। वे उस तमिल फिल्म को डब करके हिन्दी में भी रिलीज करना चाहते थे। 1994 में आतंकवाद को लेकर आई इस फिल्म की हिन्दी में बहुत सराहना हुई थी। 'हिन्दुस्तानी' फिल्म बनाने के बाद कमल हासन भी उन दिनों पूरी तरह से राष्ट्रभक्ति के मूड में थे और उन्हें ऐसा लगता था कि 'द्रोहकाल' के तमिल रीमेक को हिन्दी में डब करना अच्छा रहेगा।

इस काम के लिए उन्होंने जोशी जी से सम्पर्क किया। जोशी जी ने कुछ साल पहले उनकी फिल्म 'अप्पू राजा' को हिन्दी में डब किया था। फिल्म हिन्दी में अच्छी चली भी थी।

असल में, इस बारे में खुद मनोहर ध्याम जोशी जी ने भी अधिक नहीं लिखा है कि वे डबिंग की कला में बाकायदा प्रशिक्षित लेखक थे। 1960 के दशक के आरम्भिक वर्षों में मनोहर श्याम जी ने मुम्बई के फिल्म्स डिवीजन में अधिकारी के रूप में काम किया था। उनके पहले उपन्यास 'कुरु-कुरु स्वाहा...' में मुम्बई के उन दिनों के सन्दर्भ आते हैं, बल्कि यह कहा जाना चाहिए कि वह उपन्यास उन्हीं दिनों के अनुभवों का कथात्मक रूप है, जिसमें उन्होंने अपनी आत्मकथा की छौंक लगाई है।

उनके दोस्त और लेखक अजित कुमार ने 'कुरु-कुरु स्वाहा...' के प्रकाशन के बाद 'सारिका' पत्रिका के लिए उनसे एक लम्बी बातचीत की थी। उस बातचीत में उन्होंने 'कुरु-कुरु स्वाहा...' के बारे में एक दिलचस्प टिप्पणी की। अजित जी ने कहा था कि 'तुम 'शेखर : एक जीवनी' की तर्ज पर 'मनोहर : एक जीवनी' लिखने निकले थे, लिख गए 'कुरु-कुरु स्वाहा...'!'

बहरहाल, बात 'द्रोहकाल' फिल्म की डबिंग की हो रही थी। 1997-98 के उन

दिनों कमल हासन उस फिल्म को लेकर बहुत जल्दी में थे। वे चाहते थे कि फिल्म जल्द से जल्द हिन्दी में डब हो जाए और वे जल्दी ही रिलीज कर दें।

सच बताऊँ तो तब तक मैं डबिंग का मतलब अनुवाद ही समझता था। मुझे लगता था कि एक भाषा से दूसरी भाषा में जब कोई कृति प्रकाशित होती है तो उसको 'अनुवाद' कहते हैं और इसी को फिल्म या दृश्य माध्यमों की भाषा में 'डबिंग' कहते हैं। लेकिन 'द्रोहकाल' के डबिंग के उन दिनों मुझे समझ में आया कि असल में डबिंग भी एक कला है, जिसको बिना सीखे करना असम्भव है।

उन दिनों उनके घर जब भी जाता, वे डबिंग में लगे रहते थे। उनके सामने तमिल संवाद की प्रति पड़ी रहती थी। हर तमिल शब्द के नीचे अंग्रेजी में उसका अर्थ लिखा होना था और उनको हिन्दी में संवाद बनाने का काम करना था। सुनने में बहुत आसान लगता है लेकिन यह काम उतना आसान नहीं होता क्योंकि एक भाषा से दूसरी भाषा में संवाद का अन्तरण करते हुए 'लिप-सिंक' का ध्यान रखना होता है।

फिल्म की शूटिंग तो तमिल कलाकारों के साथ हुई थी, तमिल कलाकारों ने संवाद तमिल में बोले थे, इसलिए उनके होंठ तमिल शब्दों और उनके उच्चारण के अनुसार खुले थे। लिप-सिंक की कला का मतलब है—किसी कलाकार के तमिल बोलने के अनुसार खुले होंठों में हिन्दी के शब्द डालना। इस तरह से डालना कि लगे, वे संवाद हिन्दी में ही बोले गए हैं और ऐसा करते हुए जो मूल संवाद हैं, उसकी भावना भी बनी रहे।

सबसे पहले यह ध्यान रखना है कि किस शब्द के उच्चारण में होंठ कितना खुलता है। मसलन, कुछ अक्षरों के उच्चारण में होंठ पूरे खुलते हैं, जैसे—आ, प, फ, ब। इसी तरह से कुछ अक्षरों के उच्चारण में होंठ आधे खुलते हैं, जैसे—ऊ, ई आदि। इसी तरह कुछ अक्षरों के उच्चारण में जिह्वा के आगे का हिस्सा सक्रिय रहता है, जैसे—अ, ई, ए, ऐ आदि। इसी तरह कुछ अक्षरों के उच्चारण में जिह्वा के पीछे का हिस्सा सक्रिय रहता है, जैसे—आ, उ, ऊ आदि।

कहते कि 'डबिंग की इंडस्ट्री इन दिनों अच्छी बढ़ रही है। सीख लो तो यह विशेष हुनर आ जाएगा तुम्हें। आजकल कोई सिखाता नहीं है।'

उन्होंने जितना सिखाया, वह सब याद रह गया, बस, उसको आजमाने में हास्यास्पद चूकें कर जाता था।

बहरहाल, एक-डेढ़ महीने में इसी तरह सिखाते हुए उन्होंने डबिंग का काम पूरा भी कर लिया। कमल हासन ने महीने-भर में पैसे भी भिजवा दिये।

उस जमाने में डबिंग के लिए उनको दो लाख रुपये मिले थे। लेकिन वह फिल्म आज तक डब होकर परदे पर नहीं आई। शायद उनको लगा होगा कि एक हिन्दी फिल्म का तमिल में रीमेक बनाकर उसको वापस हिन्दी में लाने का आइडिया कुछ खास फायदेमंद नहीं होता।

जोशी जी का एक और काम बीच में ही रह गया।

खैर, इस फिल्म से यह जरूर हुआ कि कमल हासन और जोशी जी के बीच वापस दुआ-सलाम होने लगी।

मैंने पहले ही लिखा है कि उन दिनों कमल हासन राष्ट्रभक्ति के भरपूर मूड में थे और किसी धाँसू आइडिया की खोज में थे जिस पर ऐसी फिल्म बनाएँ जिसकी पूरे देश में चर्चा हो। कमल हासन ने रमेश सिप्पी निर्देशित और जोशी जी द्वारा लिखित धारावाहिक 'बुनियाद' के कुछ एपिसोड देख रखे थे और जोशी जी ने जिस तरह से उस पीरियड धारावाहिक के विभाजन से पहले और बाद के एपिसोड लिखे थे, उससे कमल हासन बहुत प्रभावित थे। इतने ज्यादा कि जी समूह की फिल्मी पत्रिका को दिये अपने साक्षात्कार में उन्होंने मनोहर श्याम जोशी को 'स्वतंत्रता सेनानी' तक कह दिया था।

खैर, जिन दिनों जोशी जी 'द्रोहकाल' के तमिल संस्करण की डबिंग कर रहे थे, उन्हीं दिनों एक बार वे कमल हासन के बुलावे पर चेन्नई गए। वहाँ कमल हासन ने उनके ठहरने का इंतजाम ताज होटल में करवाया और अगले दिन मिलने के लिए उन्हें राजकमल फिल्म्स के दफ्तर बुलाया। वहाँ उन्होंने जोशी जी को अपने साथ लंच पर भी आमंत्रित किया।

राजकमल फिल्म्स में कमल हासन लंच अकेले ही करना पसन्द करते थे या अपने एकाध करीबी कलाकारों के साथ। अपने स्टूडियो में अपने साथ दोपहर के भोजन पर वे जिस व्यक्ति को बहुत महत्त्व देते, बहुत मान देते, उसी को आमंत्रित करते थे। पहली बार उन्होंने किसी हिन्दी के लेखक को अपने साथ दोपहर के भोजन के लिए आमंत्रित किया था।

कमल हासन के लिए लंच ब्रेक बड़ा होता था। उस दौरान वे डेढ़-दो घंटे अकेले या जिनको आमंत्रित करते थे, उनके साथ देर तक बातें करते, खाते-पीते समय बिताते थे।

बातों-बातों में कमल हासन ने बात छेड़ी कि आजादी के आन्दोलन के आसपास के बैकग्राउंड में किसी अछूते विषय पर कोई कहानी मिल जाए तो वे उसके ऊपर फिल्म बनाना चाहेंगे।

उसी मुलाकात के दौरान जोशी जी ने उन्हें यह बताया कि असल में महात्मा गांधी की हत्या कई अलग-अलग लोग करना चाहते थे। कम-से-कम तीन हत्यारे उनकी हत्या के फिराक में थे—वह भी अलग-अलग कारणों से।

दोनों के बीच बातचीत होती रही और फिर कमल हासन एवं शाहरुख खान अभिनीत फिल्म 'हे राम!' का खाका तैयार हुआ।

यह फिल्म तमिल, तेलगू और हिन्दी में एक साथ बनी। इस फिल्म में बंगाल के विभाजन, मोहनजोदड़ो-हड़प्पा संस्कृति की खुदाई से लेकर आजादी के आन्दोलन

के प्रसंग जितनी वास्तविकता के साथ तैयार किये गए हैं, उस तरह की तैयारी कमल हासन की किसी और फिल्म में नहीं की गई है।

असल में जोशी जी ने इस फिल्म की कहानी से लेकर इसकी शूटिंग के लिए लोकेशन के चयन, अभिनेता-अभिनेत्रियों की वेशभूषा तक हर क्षेत्र में पूरा सहयोग दिया लेकिन फिल्म में उन्हें केवल हिन्दी संवाद-लेखक के रूप में क्रेडिट दी गई है। हालाँकि, मनोहर श्याम जोशी ने इस बात की कभी शिकायत नहीं की कि उनको फिल्म में अच्छी तरह से क्रेडिट नहीं दी गई।

फिल्म के प्रोमोशन में भी कमल हासन ने दिल्ली और मुम्बई में मनोहर श्याम जोशी को अपने साथ ही रखा, अपने इंटरव्यू में उनकी तारीफ भी की लेकिन फिल्म में उनका क्रेडिट संवाद-लेखक के रूप में ही दर्ज है, जबकि उनको 'हे राम!' फिल्म के लिए उस जमाने में भुगतान भी बहुत अधिक किया गया था।

खैर, यह एक तरह से दृश्य-श्रव्य माध्यम के लिए उनका अन्तिम काम था जो सफल भी रहा, जिसे सराहना भी मिली और जिससे उनका नाम भी हुआ। उनको अच्छा भुगतान भी मिला।

मुझे याद है, उन्होंने कहा था कि 'राजकमल फिल्म्स उन दुर्लभ प्रोडक्शन कम्पनियों में एक है जो काम करनेवाले रचनात्मक लोगों को भी मुँहमाँगा भुगतान समय पर कर दिया करती हैं। वह भी बिना माँगे।'

मुझे आज भी यह बात लिखते हुए खटक रही है कि कमल हासन ने जोशी जी की खुशी का हर तरह से ध्यान रखा लेकिन फिल्म के क्रेडिट में उनका नाम सिर्फ संवाद-लेखक के रूप में ही क्यों जाने दिया?

एक बार मैंने जोशी जी से पूछा था। उनका जवाब था, 'सभी जी.पी. सिप्पी की तरह नहीं होते!'

बहरहाल, उन दिनों जोशी जी असफल हो रहे थे, यह तो नहीं कहना चाहिए बल्कि यह कहना चाहिए कि उनका मन पूरी तरह साहित्य में रमने लगा था। साहित्य की तरफ मुड़ने लगा था। कम-से-कम एक दर्जन उपन्यास थे जिन्हें वे लिख लेना चाहते थे। फिल्म-टीवी की दुनिया उन्हें अच्छी तरह समझ में आ गई थी।

एक दिन उन्होंने मुझे कहा, 'जानते हो, जब तक तुम्हारे पास सात फिल्में एक साथ नहीं हों, तब तक यह नहीं कहना चाहिए कि मैं फिल्म लिख रहा हूँ। कारण यह है कि मुम्बई की फिल्म इंडस्ट्री में शुरू हुई सात फिल्मों में महज एक ही फिल्म पूरी हो पाती है।'

उन्हीं दिनों उन्होंने मुझे पेरू देश के लेखक मारियो वार्गास योसा का उपन्यास 'आंट जूलिया एंड द स्क्रिप्ट राइटर' पढ़ने के लिए दिया। कहा कि पिछले कुछ सालों में इस उपन्यास जैसा मुझे कुछ भी पढ़ने लायक नहीं मिला।

मैंने उस उपन्यास को बार-बार पढ़ा जिसमें लेखक और उससे बड़ी उम्र की आंटी की प्रेम-कहानी है। 19 साल की उम्र में भागकर उसने अपनी आंटी के साथ शादी कर ली। लेकिन यह उपन्यास महज इस कारण यादगार नहीं है, बल्कि इसका किरदार पेद्रो कोमाचो याद रह जाता है, जो स्क्रिप्ट राइटर है।

कहानी में 1950 के दशक का पेरू है। उन दिनों लैटिन अमेरिकी देशों में रेडियो सोप ऑपेरा अर्थात धारावाहिकों की धूम थी। पेद्रो कोमाचो उन धारावाहिकों का स्टार राइटर था। धीरे-धीरे रेडियो धारावाहिकों का दौर पुराना पड़ने लगता है और पेद्रो कोमाचो की कहानियाँ-किरदार उलझने लगते हैं। एक जमाने में जिसके किस्से घर-घर में बड़े ध्यान से सुने जाते थे, अब इस बदलती हुई दुनिया में उसे पूछनेवाला कोई नहीं बचता।

एक बार उन्होंने शाम की चाय पीते-पीते मजाक में कहा, 'जानते हो, कमलेश्वर को एक जमाने में इतनी फिल्मों के एडवांस मिले कि मुम्बई में उसने एक घर एडवांस के पैसों से ही खरीद लिया लेकिन वे फिल्में कभी नहीं बनीं। ऐसे ही मेरे स्टोर रूम में बोरे के बोरे कागज उन धारावाहिकों के एपिसोड से भर गए जो कभी नहीं बने।' कहकर उन्होंने चाय की एक घूँट ली और गुड़ का एक छोटा-सा टुकड़ा दाँतों से काट लिया।

आइडिया गुरु

कमल हासन की फिल्म 'हे राम!' की सराहना, चर्चाओं के बाद होना तो यह चाहिए था कि फिल्मी दुनिया में जोशी जी का रास्ता दोबारा खुल जाता, लेकिन हुआ यह कि उसके बाद उन्होंने एक तरह से उस दुनिया से किनारा ही कर लिया—बिना कुछ कहे, चुपचाप।

मुझे याद है कि जब कमलेश्वर जी मुम्बई छोड़कर दिल्ली रहने आ गए थे तो मैंने एक दिन उनसे पूछा, 'आपने फिल्म लेखक का इतना सफल पेशा क्यों छोड़ दिया?'

उनका जवाब था, 'मैं अब उस गन्दी दुनिया को छोड़कर आ गया हूँ और अब सिर्फ साहित्य की सेवा करूँगा।'

कुछ दिनों बाद उन्होंने 'कितने पाकिस्तान' लिखा था, जो उनका सबसे अच्छा तो नहीं लेकिन सबसे प्रसिद्ध उपन्यास है।

खैर, विषयान्तर हो गया। लेकिन जोशी जी को मैंने कभी इस तरह से बातचीत करते नहीं सुना कि टीवी, फिल्मों की दुनिया गन्दी है; साहित्य की दुनिया बहुत महान है। लेकिन यह तो है कि अपने दौर के सभी लेखकों की तरह वे भी साहित्य को श्रेष्ठ लेखन का पैमाना मानते थे। वे अक्सर अपने प्रथम घोषित साहित्यिक गुरु अमृतलाल नागर का उदाहरण देते और कहते कि वे फिल्मों में जानेवाले शायद अकेले हिन्दी साहित्यकार थे जिन्होंने फिल्मी लेखन में सफलता पाने के बाद उस दुनिया को छोड़ दिया और शेष जीवन साहित्य की सेवा में लगा दिया।

उनके दूसरे गुरु अज्ञेय ने टाइम्स ग्रुप की पत्रिका के सम्पादन से लेकर अमेरिका के प्रतिष्ठित विश्वविद्यालय में अध्यापन तक अनेक काम किए लेकिन साहित्य-सेवा के कारण कहीं टिककर कोई नौकरी नहीं की।

अब वे पूरी तरह साहित्य-लेखन में जुट गए।

मैंने पहले जिक्र किया था कि वे उन दिनों किन-किन उपन्यासों को पूरा कर लेना चाहते थे। लेकिन जो बात मैंने नोटिस की, वह यह थी कि उनका दिमाग लगातार नये-नये आइडिया पैदा करता रहता था। और सभी आइडिया पर लिखना

सम्भव नहीं था। इतना समय कहाँ होता है? इसलिए उनके सम्पर्क में जो भी युवा लेखक आता, उसे वे लिखने के लिए कोई न कोई आइडिया जरूर देते थे।

बात जब चल निकली है तो सुशील कालरा का यह प्रसंग सुनाता चलता हूँ। सुशील कालरा 'हिन्दुस्तान टाइम्स समूह' में कार्टून और रेखांकन बनाया करते थे। बड़े कलाकार थे। वे विभाजन के बाद गुजरांवाला से भारत में आए थे। वे अक्सर गुजरांवाला के किस्से सुनाया करते। उनके पास वहाँ के जीवन के इतने किस्से थे कि सुननेवाले मंत्रमुग्ध हो जाते।

एक दिन उनको जोशी जी ने एलेक्स हिली का उपन्यास 'रूट्स' दिया और बोले कि तुम्हें अपने मूल स्थान को लेकर, अपने विस्थापन को लेकर, ऐसा ही एक उपन्यास लिखना चाहिए।

1976 में प्रकाशित यह उपन्यास अमेरिका में बहुत चर्चित हुआ था। इसके ऊपर एक टीवी धारावाहिक भी बना था और इसे अमेरिकी अश्वेतों के जीवन का महाकाव्य माना गया।

'रूट्स' की प्रसिद्धि को देखते हुए 'सारिका' पत्रिका के सम्पादक कमलेश्वर ने मॉरिशस के लेखक अभिमन्यु अनत से गिरमिटिया कथा लिखने के लिए कहा और अभिमन्यु अनत ने विस्थापन की एक यादगार कथा लिख दी।

जोशी जी मानते थे कि विस्थापन 20वीं शताब्दी की सबसे बड़ी पीड़ा थी और अविकसित माने जानेवाले समाजों के लोग रोजी-रोटी के लिए विकसित माने जानेवाले समाजों की तरफ जाते रहे हैं, इसलिए इस विषय पर चाहे जिस समाज का लेखक लिखे, यह सुपरहिट विषय है। उदाहरण वे अभिमन्यु अनत लिखित उपन्यास 'लाल पसीना' का देते।

'रूट्स' का आइडिया उनके दिमाग में इतने गहरे बस गया था कि बाद में उन्होंने टेलीविजन के लिए विस्थापन की एक मारक कथा लिख दी : 'बुनियाद'।

'रूट्स' शब्द का हिन्दी अनुवाद 'बुनियाद' ही होता है।

कहने का मतलब यह है कि पाँच-छह सालों तक यह आइडिया उनके दिमाग में चलता रहा और मौका मिलते ही उन्होंने लिख दिया।

उनके पूरे-अधूरे उपन्यासों की बात रहने भी दें तो वे जिन आइडियाज के ऊपर काम नहीं कर पाए, वे भी एक-से-एक दिलचस्प थे।

मैं उन दिनों कुछ भी नहीं लिख रहा था। किताबें पढ़ता और उनकी समीक्षाएँ लिखता। धुआँधार तरीके से। इसका एक कारण तो यह था कि समीक्षा लिखने के लिए अच्छे पैसे मिल जाते थे, ऊपर से किताब मुफ्त।

दूसरा कारण जरा अधिक पेचीदा था।

मेरे गुरु सुधीश पचौरी उन दिनों नये-नये उत्तर-आधुनिक हुए थे। लेखन के सम्बन्ध में उनकी स्पष्ट धारणा थी कि वही लिखो जो उपयोगितावादी हो, जिससे

अर्थोपार्जन हो। संघर्ष के लिए साहित्य लिखने का जमाना अब बीत चुका है। वे अक्सर हिन्दी के कुछ ऐसे कवियों के उदाहरण देते जिनके बारे में हम पढ़ते आए थे, सुनते आए थे कि वे बड़े महान कवि थे, लेकिन पचौरी साहब बताते कि उन्होंने अपनी पारिवारिक जिम्मेदारियों से किस तरह किनारा किया। उनका नया-नया मार्क्सवाद से मोहभंग हुआ था और वे साहित्य के लिए किसी तरह के विचार की जरूरत की बात का विरोध करते।

उनका बहुत स्पष्ट मत था कि रचनात्मक लेखन की न तो कोई उपयोगिता होती है, न ही उससे तब तक साहित्य में कोई बड़ा मुकाम बन पाता है जब तक कि पीछे सत्ता का कोई सहारा न हो। या तो कोई बड़ा आलोचक आपकी कविता का हवाला दे दे या कोई बड़ा लेखक अपने इंटरव्यू में आपका नाम ले ले, तब ही आपका नाम हो सकता था। फिर कुछ गिने-चुने पुरस्कार थे जिनको पाने के लिए जूरी के संभावित मेम्बर्स की गुड बुक में लगातार बने रहना होता था। यह सब जटिल काम था और लेखन से अधिक मेहनत इन बातों के ऊपर करनी पड़ती थी। इसलिए रचनात्मक लेखन से अधिक उपयोगी आलोचनात्मक लेखन है। अगर अच्छा लिखोगे तो सभी लेखक तुम्हारा नाम लेंगे।

तब मुझे उनकी यह बात सही भी लगती थी। लिहाजा उनकी सलाह को मैंने आदेश की तरह लिया और उस दौर में आलोचनात्मक लेखन के नाम पर पुस्तक समीक्षाएँ लिखता रहा। वह भी अधिकतर उन किताबों की, जो अखबार के साहित्य सम्पादक या किसी पत्रिका के सम्पादक की पसन्द की होती थीं। मैं बहुत साधारण कविता-कहानी संग्रहों पर लिखते हुए दुनिया के बड़े-बड़े साहित्यकारों के उद्धरण देता, हवाले देता और उनको असाधारण साबित कर देता। सम्पादक भी खुश हो जाता, थोड़ा-बहुत पत्रं-पुष्पं भी मिल जाता।

दूसरी तरफ जोशी जी लगातार कुछ लिखने के लिए कहते रहते थे।

उन दिनों मेरी पीढ़ी के कई कवि बड़े लोकप्रिय हो रहे थे। सच कहूँ तो न तब, न अब ही मुझे उनकी कविताओं में कुछ ऐसा दिखता है जो प्रभावित करनेवाला हो। हाँ, इतना जरूर लगता था कि अरे, अगर ऐसी कविताओं पर प्रतिष्ठित पुरस्कार मिल सकते हैं, नामवर सिंह से लेकर न जाने कितने आचार्यों की संस्तुति मिल सकती है तो मैं भी लिखकर उस जमात में शामिल हो सकता हूँ।

मैंने कुछ कविताएँ लिखीं भी और उनको लेकर 'जनसत्ता' के साहित्य सम्पादक मंगलेश डबराल के पास गया। मंगलेश जी ने मेरी समीक्षाओं, साहित्यिक स्टोरीज को खूब बढ़-चढ़कर छापा—यह कहने में मुझे जरा भी संकोच नहीं है, लेकिन इस बात का अफसोस जरूर है कि मेरी कविताओं को कुछ दिन बाद उन्होंने यह कहते हुए लौटा दिया कि तुम्हारी भाषा बहुत अच्छी है।

मैं इस बात का मतलब आज तक नहीं समझ पाया लेकिन उसका असर मेरे

ऊपर यह हुआ कि मैंने कविताएँ लिखना एक तरह से बन्द ही कर दिया या कहना चाहिए कि कविताओं को लेकर लापरवाह हो गया।

कविताओं को लेकर उदासीन होने का एक और कारण मनोहर श्याम जोशी की कविताओं के प्रति ऊब थी। वे यह कहते थे कि देखो, कितनी भी समीक्षा लिख लो, कितने भी आलोचना ग्रन्थ लिख लो, हिन्दी में रचनात्मक लेखन किये बिना किसी को लेखक नहीं माना जाता।

अब मेरी समझ में यह बात कभी नहीं आई कि जिस लेखक ने अपने लेखन की शुरुआत भले ही कहानियों से की हो लेकिन लगभग एक दशक तक वह अपने मित्र-कवियों रघुवीर सहाय, सर्वेश्वर दयाल सक्सेना, श्रीकान्त वर्मा के साथ गम्भीरतापूर्वक कविता में प्रयोग करता रहा, उस लेखक का कविता को लेकर ऐसा रवैया क्यों था?

वे बड़ी शिद्दत से चाहते थे कि मैं गद्य लिखूँ और कहानी या नहीं तो सीधा उपन्यास ही लिख लूँ। इसके लिए वे बाकायदा विषय सुझाते थे। उस विषय से जुड़ी पाठ्य-सामग्री सुझाते और उम्मीद करते कि सामने वाला बस लिख डाले।

एक दिन उन्होंने मुझे यह सुझाया कि मैं एक ऐसा उपन्यास लिखूँ जो हिन्दी के किसी गुमनाम लेखक के बारे में हो। उस लेखक की गुमनामी में ही मृत्यु हो गई। पूरी किताब उसको श्रद्धांजलि के रूप में हो। श्रद्धांजलि भी हिन्दी के महान आलोचकों द्वारा दी जा रही हो। मसलन नामवर सिंह, परमानन्द श्रीवास्तव, विश्वनाथ त्रिपाठी आदि। इस तरह के दस या बारह मूर्धन्य आलोचक अपनी-अपनी शैली में उस लेखक को श्रद्धांजलि दें जो जीवन-भर इसी उम्मीद में रह गया कि एक दिन हिन्दी के बड़े-बड़े आलोचक उसकी कविताओं की चर्चा करेंगे। उसके जीते जी तो यह सम्भव नहीं हुआ लेकिन अजीब विडम्बना है कि उसकी मृत्यु के बाद भाषा के सभी मूर्धन्य आलोचकों ने अपनी चिर-परिचित शैली में उसकी कविताओं की चर्चा की।

वे समझाते कि यह हिन्दी में अपने ढंग का अकेला उपन्यास होगा। इसमें पुराने लेखकों वाली करुणा भी होगी और समकालीन व्यंग्यबोध भी। एकदम उत्तर-आधुनिक पैरोडी की तरह। सबसे बढ़कर इस उपन्यास में अन्तर्निहित दार्शनिकता होगी कि इस दुनिया में सब कुछ फानी है, किसी भी बात का कोई मतलब नहीं है।

अकारण नहीं था कि मुझे उन्होंने इस उपन्यास को लिखने का आइडिया दिया जिसका नाम उन्होंने अपनी तरफ से रखा था : 'दो मिनट का मौन'!

असल में मैं उनको अक्सर अपने पहले साहित्यिक गुरु रामचन्द्र चन्द्रभूषण के बारे में सुनाता था।

रामचन्द्र चन्द्रभूषण सीतामढ़ी में रहते थे। वहीं कलेक्टेरियेट से रिटायर हुए थे। गीत लिखते थे। नवगीत के सभी प्रमुख संग्रहों में उनके गीत प्रमुखता से प्रकाशित

हुए थे। जब 'तार सप्तक' की तर्ज पर गीतकार शम्भुनाथ सिंह ने 'नवगीत दशक' निकालने की योजना बनाई तो उसके पहले खंड में उन्होंने रामचन्द्र चन्द्रभूषण को स्थान दिया। 'धर्मयुग', 'साप्ताहिक हिन्दुस्तान' समेत उस जमाने की सभी पत्रिकाओं में रामचन्द्र चन्द्रभूषण के गीत छपते थे। लेकिन उनकी कभी कोई किताब नहीं छप पाई।

दिल्ली के किसी प्रकाशक के पास उनकी किताब प्रकाशन के लिए पड़ी थी। वे अक्सर कहते थे कि एक बार किताब छप जाने दो, मेरा नाम कँगूरों पर होगा। लेकिन वह किताब कभी नहीं छपी।

उनके लिखे गीत मुझे बहुत पसन्द थे। मैं यह कभी नहीं समझ पाया कि आखिर उनके लेखन में कमी क्या रह गई कि कहीं किसी ने कभी उनका नाम तक नहीं लिया?

रामचन्द्र चन्द्रभूषण को ही नायक बनाकर वे मुझे उपन्यास लिखने के लिए उकसाते रहे। उकसाते ही नहीं रहे, उसके अलग-अलग अध्याय भी उन्होंने बना दिये। मुझे बस लिखना था। और वही सबसे भारी काम था मेरे लिए।

मुझे याद है, उन दिनों गाब्रिएल गार्सिया मार्केज की किताब 'द न्यूज ऑफ किडनैपिंग' की बड़ी चर्चा थी।

कोलंबिया के ड्रग तस्कर पाब्लो एस्कोबार द्वारा एक के बाद एक कई पत्रकारों के अपहरण कैसे करवाए गए? किस तरह से एस्कोबार का साम्राज्य कोलंबिया की सरकार पर भारी पड़ता था? किस तरह से वह इस शर्त पर जेल जाने के लिए तैयार हुआ कि उसके लिए विशेष सुविधाओं वाली जेल का निर्माण करवाया जाए। एक दिन जेल प्रहरियों को चिकेन खिलाकर वह जेल से कैसे फरार हो गया। अपहरण की उन घटनाओं को आधार बनाते हुए मार्केज ने एस्कोबार के जीवन, उसकी कार्य-पद्धति को लेकर बहुत रोमांचक शैली में इस किताब को लिखा था।

नॉन फिक्शन श्रेणी की इस किताब को मार्केज ने इतनी रोमांचक शैली में लिखा था कि वह उनके उपन्यासों जैसा ही पठनीय बन पड़ा था।

जोशी जी इस शैली के लेखन से इतने प्रभावित थे कि मुझे कहते, 'तुम बिहार से आते हो, बिहार के किसी ऐसे किरदार को पकड़कर उसके ऊपर किताब लिख दो। जबरदस्त बनेगी।'

उन दिनों बिहार के बाहुबली नेता शहाबुद्दीन का नाम था, उसके रुतबे के किस्से पत्र-पत्रिकाओं में खूब प्रकाशित होते रहते थे। एक दिन वे बोले, 'तुम्हारे सामने शहाबुद्दीन जैसा किरदार है, इसी के ऊपर 'न्यू जर्नलिज्म' की शैली में लिखो। लेखक के रूप में सदा याद किए जाओगे।' फिर समझाते, 'न्यू जर्नलिज्म ने किस तरह से समाचारों को साहित्य की तरह रोचक बनाकर प्रस्तुत करना शुरू किया, इसे मार्केज ने अपने साहित्य में सबसे अच्छा इस्तेमाल किया है। हिन्दी में उदय प्रकाश की कई कहानियाँ ऐसी हैं जो न्यू जर्नलिज्म का सुन्दर उदाहरण हैं।'

उदाहरण के रूप में वे 'तिरिछ' कहानी का जिक्र करते।

उनकी बातों से जोश में आकर मैंने शहाबुद्दीन के ऊपर लिखने की योजना बनाई और उससे मिलने की कोशिश करने लगा।

तब वह सांसद था और दिल्ली में मीरा रोड पर रहता था। मेरे एक सीनियर थे जो शहाबुद्दीन के दोस्त थे। मैंने उनसे कहा कि मुझे शहाबुद्दीन पर किताब लिखनी है।

उन्होंने कहा, 'ठीक है, लिखो, लेकिन यह बताओ कि किताब में वह नायक होगा या खलनायक ? इस बात को मत भूलो कि शहाब अपने खिलाफ लिखने वालों को नहीं छोड़ता है। मैं तुमको उससे मिलवा तो दूँगा लेकिन आगे तुम सोच लो।'

जाहिर है, अभिव्यक्ति का इतना बड़ा खतरा मैं नहीं उठा सकता था। इसलिए उनके इस आइडिया को मैं लिखकर अंजाम तक नहीं पहुँचा पाया।

जोशी जी के बारे में उन दिनों मैंने यह महसूस किया कि वे कभी मौलिक आइडिया नहीं सोचते थे। अगर अंग्रेजी में कुछ अच्छा पढ़ते तो उनको सबसे पहले यह सूझता था कि इस तरह का कुछ हिन्दी में भी आए।

मुझे याद है कि 1990 के दशक के मध्य में मेरा फिल्म निर्देशक दोस्त राकेश रंजन जोशी जी से संचार माध्यमों के लिए लेखन सीखने के लिए उनके घर जाया करता था। एक दिन जोशी जी ने उसे एरिक बर्न की बेस्टसेलर किताब 'गेम्स पीपल प्ले' दी और कहा कि इस तरह के आइडिया को हिदी में अडॉप्ट करो, बहुत नई चीज होगी।

1964 में प्रकाशित वह किताब मानवीय सम्बन्धों के गणित को लेकर लिखी गई थी और वे इस बात को समझ रहे थे कि आनेवाले समय में फिल्में और धारावाहिक सबसे अधिक रिलेशनशिप को लेकर ही बनेंगे। इसलिए वे चाहते थे कि अगर राकेश रंजन को उस क्षेत्र में बतौर लेखक जाना है तो उसके पास तैयारी पूरी होनी चाहिए। नये से नये आइडियाज होने चाहिए।

इसी तरह जब हिन्दी में कोई नई किताब आती और उनको बहुत पसन्द आती तो वे सबसे पहले यह जानने की कोशिश करते थे कि इसके पीछे मूल अंग्रेजी आइडिया क्या है।

मुझे याद आ रहा है कि मृदुला गर्ग का उपन्यास 'कठगुलाब' प्रकाशित हुआ था। बहुत अच्छा उपन्यास है। उस उपन्यास की तारीफ जोशी जी और उनके मित्र वागीश शुक्ल, दोनों कर रहे थे। जब भी कोई किताब अच्छी लगती थी तो दोनों को उसके बारे में घंटों बातें करते देखता था। वैसा ही नजारा इस उपन्यास को लेकर भी मैंने देखा।

एक दिन मैंने देखा कि दोनों कोश लेकर 'रोजवुड', 'वुडरोज' आदि शब्दों के अर्थ देख रहे थे। वागीश जी ने कहा कि संस्कृत में भी 'कठगुलाब' जैसा कोई शब्द नहीं है।

जोशी जी के निधन के बाद एक दिन एक ट्रेवल चैनल पर बंगाल के प्रसिद्ध जगत सेठ के ऊपर प्रोग्राम आ रहा था। उसमें वाचक ने अचानक यह बताया कि

मुर्शिदाबाद में जगत सेठ का एक महल था जिसको 'काठागोला' कहा जाता था। 'काठागोला' इसलिए क्योंकि उस महल या हवेली के परिसर में कठगुलाब के बहुत-से पौधे थे।

मेरे लिए कठगुलाब का अर्थ उस दिन स्पष्ट हो गया। उस दिन बड़ा मन हुआ कि काश, आज जोशी जी जीवित होते तो मैं उनको कठगुलाब का रहस्य समझा पाता!

जिन दिनों मैं 'बहुवचन' का सम्पादक था, उसके हर अंक में उनकी कोई-न-कोई रचना प्रकाशित हुई। पहले चार अंकों में उन्होंने 'रघुवीर सहाय रचनावली के बहाने स्मरण' लिखा। उसके बाद अधूरा रह गया अपने उपन्यास 'कपीशजी' को जब उन्होंने दुबारा लिखना शुरू किया तो उसके अंश भी 'बहुवचन' के लिए ही दिये।

खैर, मैं उन दिनों उनके पीछे पड़ा हुआ था कि वे अज्ञेय जी के ऊपर धारावाहिक संस्मरण लिखें। रघुवीर सहाय वाले संस्मरण में उन्होंने अज्ञेय जी को बहुत प्यार और आदर से याद किया था। इसलिए मेरा आग्रह और बढ़ता जा रहा था। शायद इस दबाव से बचने के लिए एक दिन उन्होंने धमाका किया कि वे असल में अज्ञेय की जीवनी लिखना चाहते हैं। इसलिए कुछ और नहीं लिखेंगे।

अगले कई दिनों तक जीवनी को लेकर उनका प्रवचन चलता रहा।

एक दिन कहने लगे कि हिन्दी में ऐसे लेखक हैं ही बहुत कम जिनकी जीवनी लिखी जा सके। हिन्दी के अधिकतर लेखकों का जीवन सामान्य मध्यवर्गीय होता है—मुफलिसी में पढ़ाई, संघर्ष करके नौकरी और फिर उसका शेष जीवन प्रोफेसर, मुदर्रिस या सम्पादक-पत्रकार का होता है। उसका अपना जीवन कुछ नहीं होता। मतलब, हिन्दी में ऐसे कितने लेखक हुए जिन्होंने निराला की तरह बोहेमियन जीवन चुना या भुवनेश्वर की तरह का पागलपन? और तो और, राहुल सांकृत्यायन की तरह कितने हुए घुमंतू और नागार्जुन की तरह उड़न्तू?

वे कहते, आधुनिक हिन्दी साहित्य में 'बायोग्राफी पॉइंट ऑफ व्यू' से अज्ञेय के व्यक्तित्व के सामने कोई नहीं ठहरता। वे क्रान्तिकारी थे। वे सेना में रहे। जब अंग्रेजी में उनका पहला कविता संग्रह आया तो उसकी भूमिका नेहरू ने लिखी। अलग-अलग दौर में कई प्रसिद्ध महिलाओं से पत्नी-प्रेमिका के रूप में उनके सम्बन्ध रहे। कहा जाता है कि अमेरिकी सरकार से भी उनके सम्बन्ध थे। हिन्दी में इतना विराट जीवन किसी और लेखक का नहीं हुआ। इसलिए वे चाहते थे कि अज्ञेय जी की जीवनी लिखें।

अज्ञेय के जीवन का प्रसंग चल रहा है तो यह भी बताता चलूँ उनके किसी घोषित शिष्य ने उनके निजी जीवन के बारे में कभी नहीं लिखा।

एक बार मैंने विद्यानिवास मिश्र से अज्ञेय पर लिखने का आग्रह किया। वे अज्ञेय को भाई कहते थे और अज्ञेय के साथ उनका संग-साथ लगभग 40 सालों का

रहा। उन्होंने यह कहते हुए टाल दिया कि वे उनके बारे में झूठ लिख नहीं सकते और सच लिखने का साहस उनमें नहीं है।

जोशी जी से उस दिन के बाद मैंने अज्ञेय पर लिखने के बारे में कहना छोड़ दिया लेकिन मेरी दिलचस्पी इस बात में बनी रही कि वे आखिर लिखते हैं तो क्या लिखते हैं?

उन दिनों जोशी जी लम्बे समय से लिखे जा रहे अपने उपन्यास 'कपीशजी' को पूरा करने में लगे हुए थे। उसका शिल्प जीवनी का था। मूल कथा यह थी कि एक ऐसा आदमी, जो भारत के एक साधारण परिवार में पैदा हुआ, जिसका जीवन बहुत साधारण रहा, एक दिन अमेरिका में 'हाई ऑन हनुमान' नामक कल्ट की स्थापना करता है और फिर दुनिया-भर में उसकी धूम मच जाती है। रहस्यमय परिस्थिति में उसकी मृत्यु हो जाने के बाद लेखक उसकी जीवनी लिखना शुरू करता है।

1980 के दशक के मध्य से उन्होंने 'कपीशजी' लिखना शुरू किया था। इस शुरुआत की भी बहुत दिलचस्प कहानी है।

उन्होंने बताया कि उनके एक परिचित थे जो अक्सर ही यह कहते कि उनके सपने में हनुमानजी आते थे। जब उनके सपने में हनुमानजी आते और वे उनसे जो भी माँगते, उनकी वह मुराद पूरी हो जाती। बाद में वही आदमी अमेरिका पहुँच गया और वहाँ एक बड़े संस्थान में काफी ऊँचे पद पर काम करने लगा। वहाँ उस आदमी ने हनुमान की पूजा का प्रचलन शुरू किया। इसीलिए 'कपीशजी' उपन्यास में नायक 'हाई ऑन हनुमान' नामक कल्ट बनाता है।

जाहिर है, इस उपन्यास में कपीश जी का कल्ट जिस ऊँचाई पर पहुँचता है, वह कभी रजनीश तो कभी महेश योगी की कहानी होने का भ्रम देने लगता है।

एक दिन मैंने पूछा कि 'कपीशजी' की पूरी कहानी आपके दिमाग में मौजूद है, फिर आपको लिखने में इतना वक्त क्यों लगा?

उनका जवाब था, 'किसी की जीवनी लिखने के लिए यह जरूरी है कि आप उस व्यक्ति की सात पीढ़ियों की कथा लिखें। क्योंकि कहते हैं, किसी व्यक्ति में उसकी सात पीढ़ियों के गुण-अवगुण झलक जाते हैं। अब सात पीढ़ियों की कहानी बनाने के लिए शोध करना पड़ता है। फिर भारत-अमेरिका की कथा है, इसके लिए अमेरिकी समाज के काफी गहरे अध्ययन की भी दरकार थी।'

मैं तभी समझ गया कि जोशी जी अज्ञेय की जीवनी कभी नहीं लिखेंगे।

यह बात सही भी है कि हर साल जब वे अपने बच्चों के पास अमेरिका जाते, उस दौरान 'कपीशजी' उपन्यास के लिए शोध भी करते थे। लेकिन लगता है कि उनकी पढ़ने की भूख उनके लिखने के ऊपर भारी पड़ गई। उनके निधन के बाद नेशनल बुक ट्रस्ट से जोशी जी की एक पतली-सी किताब प्रकाशित हुई, जिसका शीर्षक 'कपीशजी' है।

मुझे हँसी आ गई क्योंकि जिस रूप में वह उपन्यास प्रकाशित हुआ, उससे कई गुना शोध-सामग्री तो उनके पास लिखी हुई थी। उस उपन्यास का जो विजन था, उसका लेश मात्र अंश भी प्रकाशित 'कपीशजी' में नहीं है।

'कुरु-कुरु स्वाहा...' के बाद उन्होंने 'कपीशजी' लिखना शुरू किया था जो उनके जीवनकाल में अधूरा ही रह गया।

बात उपन्यासों की चल रही है तो एक उपन्यास जिसके पूरा न हो पाने का मुझे बहुत अफसोस है, वह उपन्यास है : 'वधस्थल'। हुआ यह कि बिहार के पूर्व सांसद गौरीशंकर राजहंस कम्बोडिया के राजदूत बनाए गए। गौरीशंकर राजहंस बिहार के प्रसिद्ध नेता ललित नारायण मिश्र के दामाद थे और जिन दिनों जोशी जी 'हिन्दुस्तान टाइम्स समूह' में सम्पादक थे, गौरीशंकर जी उन दिनों और बाद तक भी 'हिन्दुस्तान टाइम्स समूह' के महाप्रबन्धक थे। गौरीशंकर जी थोड़ा-बहुत साहित्य-लेखन भी करते थे और जोशी जी के अच्छे मित्र थे। उन्होंने कम्बोडिया के राजदूत बनने के बाद वहाँ रामायण को लेकर एक आयोजन किया जिसमें जोशी जी को सपरिवार बुलाया।

वहाँ से लौटकर जब वे आए तो कई दिनों तक कम्बोडिया की कहानियाँ सुनाते रहे : कभी अंकोरवाट, कभी खमेर रूज का शासन, कभी पोल पॉट के किस्से। वे कम्बोडिया से एक कॉपी भरकर नोट्स लाए थे और आने के करीब एक सप्ताह बाद उन्होंने यात्रा-वृत्तान्त लिखने का मन बनाया।

अपने टाइपिस्ट को उन्होंने यात्रा से जुड़े संस्मरण टाइप करवाना भी शुरू कर दिया लेकिन वह ठीक से जम नहीं रहा था। ऐसा नहीं है कि इससे पहले उन्होंने यात्राएँ नहीं की थीं या उन यात्राओं पर नहीं लिखा था। वे जर्मनी और चीन की यात्राओं पर 'साप्ताहिक हिन्दुस्तान' में लिख चुके थे और उनके मरणोपरांत दोनों पुस्तकाकार प्रकाशित भी हुई थीं।

लेकिन इस बार यात्रा-वृत्तान्त लिखने में उनका मन नहीं लग रहा था।

असल में कम्बोडिया में उन्होंने तुओल स्लेंग म्यूजियम भी देखा था, जहाँ सैकड़ों खोपड़ियाँ रखी हुई थीं। कहा जाता है कि पोल पॉट ने अपने शासनकाल के दौरान अकेले तुओल स्लेंग में 17 हजार लोगों का कत्ल करवाया था। यही नहीं, देश-भर में इस तरह के 150 डेथ कैम्प थे जहाँ उसने हजारों-हजार लोगों को राजनीतिक विरोध के नाम पर मरवा दिया था। वह कम्बोडिया में वर्गविहीन समाज की स्थापना करना चाहता था इसलिए उसने यह तय किया कि केवल बूढ़ों और खेतों में काम करनेवाले वर्ग को छोड़कर समाज के सभी वर्गों का अन्त कर दिया जाए। उसका मानना था कि इसके बाद ही मजदूरों का शासन होगा और वर्गविहीन समाज सही मायने में स्थापित हो सकेगा।

पोल पॉट मार्क्सवादी था। उसने इतनी हत्याएँ मार्क्सवादी राज्य की स्थापना और उसको मजबूती प्रदान करने के लिए कीं। जोशी जी मार्क्सवादी तो नहीं थे लेकिन अपने लेखन के आरम्भिक दिनों में वे प्रगतिशीलों के सान्निध्य में ही रहते थे। एक जमाने में जब अज्ञेय ने उनको अमेरिकन सेंटर से अनुवाद का काम दिलवाने का प्रयास किया था तब उन्होंने यह कहते हुए उस काम को लेने से इनकार कर दिया था कि वे अमेरिकी पैसे के लिए काम नहीं करेंगे। लेकिन कम्बोडिया से लौटने के बाद, वहाँ खोपड़ियों वाले म्यूजियम देखने के बाद, पोल पॉट के शासन काल के किस्से सुनने के बाद वे रूपान्तरित हो गए थे।

एक दिन कहने लगे, 'जानते हो, इस दुनिया में सबसे अधिक हत्याएँ मार्क्सवाद के नाम पर की गई हैं, बल्कि यह कहना चाहिए कि इस संसार में सबसे ज्यादा इनसान विचार और धर्म के नाम पर मारे गए हैं। यह दुनिया और कुछ नहीं है—बस, 'किलिंग फील्ड' है।'

'किलिंग फील्ड'—अंग्रेजी में अपने हाथ से उन्होंने जो नोट्स बनाए थे, उसका टाइटल था। 'वधस्थल' इसी का अनुवाद है।

एक दिन मैं सुबह-सुबह उनके पास पहुँचा। करीब दस बजे। काम क्या था, याद नहीं लेकिन यह याद रह गया कि उस दिन उन्होंने एक लम्बी कहानी सुनाई। और मैं मंत्रमुग्ध-सा सुनता रहा।

अपराध-कथा की शैली में एक प्रेम-कहानी थी जिसके सूत्र कई देशों के गुप्त क्रान्तिकारियों से जुड़ते थे। सुनकर ऐसा लगा कि वे अभी बस लिख ही देंगे। लेकिन उन दिनों वे इतनी आसानी से नहीं लिखते थे।

इस उपन्यास के लिए शोध की प्रक्रिया शुरू हुई। गूगल का आगमन तो हो चुका था लेकिन उसका प्रचलन उतना नहीं बढ़ा था। दूसरे, इंटरनेट का उपयोग भी उन दिनों आजकल की तरह सरल और सस्ता नहीं था। इंटरनेट कैफे में जाना पड़ता जहाँ घंटे के हिसाब से शुल्क चुकाना होता था। इसलिए सहारा लाइब्रेरी का ही था।

इस बार उन्होंने कुछ मुश्किल चुनौती दी थी। चुनौती यह थी कि ऐसी जासूसी-अपराध कथाओं की खोज करनी थी जिसकी पृष्ठभूमि में कम्बोडिया और उसके आसपास का जीवन हो।

उन दिनों पहली बार मैंने एरिक वान लस्टबाडर का नाम सुना। वागीश शुक्ल के घर में उनके उपन्यासों का जखीरा था।

अब मेरे सामने चुनौती यह आई कि मुझे भी कोई ऐसी किताब या ऐसा लेखक चुनना था जिसके बारे में उन्होंने न पढ़ा हो और जो उस तरह की पृष्ठभूमि पर उपन्यास लिखता हो। मैं अपने मित्र अविनाश कुमार की शरण में गया। उसके जैसा पढ़ाकू और जबरदस्त स्मृति वाला दूसरा इनसान मैंने आज तक नहीं देखा।

जब मैं उसके पास गया और यह बताया कि मेरी समस्या क्या थी तो अविनाश ने चुटकी बजाते ही उसका हल निकाल दिया।

एरिक एम्बलर—ब्रिटिश जासूसी उपन्यास लेखक—से यह मेरा पहला परिचय था। उनके उपन्यास 'पैसेज टू आर्म्स' में मलेशिया, इंडोनेशिया में हथियार तस्करी की कहानी है। मैंने साउथ एक्सटेंशन में एक पुरानी किताब की दुकान से किताब खरीदी और उसे लेकर विजेता की मुद्रा में जोशी जी के यहाँ पहुँचा।

अगले दिन उनका फोन आया और बोले, 'यह उपन्यास तो बिलकुल वैसा ही है, जैसा मैं चाह रहा था। लेकिन एक बात बताओ, तुम्हें इस उपन्यास के बारे में कैसे पता चला?'

मैंने कोई बहाना नहीं बनाया और सीधा अविनाश का नाम बता दिया।

उनका अगला वाक्य था, 'अगली बार आना तो अविनाश को साथ लेकर आना।'

कोई ऐसा आदमी, जो बहुत पढ़ा-लिखा हो और किताबों में रुचि रखता हो, उन्हें बहुत प्रभावित करता था। अविनाश से भी वे बहुत प्रभावित हुए।

खैर, बात 'वधस्थल' की चल रही थी। यह उनका अकेला ऐसा उपन्यास है जिसके उन्होंने कई ड्राफ्ट लिखे। कई बार सम्पादित किया।

उन्हीं दिनों मैंने जोशी जी के उपन्यास 'क्याप' की समीक्षा 'तद्भव' में लिखी, जिसमें मैंने यह लिख दिया कि जोशी जी जब भी 'क' अक्षर से आरम्भ होनेवाला उपन्यास लिखते हैं तो वह आलोचकों-पाठकों में लोकप्रिय हो जाता है—'कुरु-कुरु स्वाहा...', 'कसप' और अब 'क्याप'।

उसके कुछ दिन बाद भारतीय ज्ञानपीठ द्वारा 'लेखक से मिलिए' कार्यक्रम का आयोजन किया गया जिसमें जोशी जी से किसी पाठिका ने पूछ दिया कि क्या आपको लगता है कि 'क' शीर्षक से जब भी आप कोई किताब लिखते हैं तो वह आपके लिए शुभ साबित होता है?

उस कार्यक्रम के बाद जब मैं उनसे मिला तो बोले, 'तुमने मरवा दिया : लेकिन फिर यह भी कहा, 'अब तुमने इस तरफ ध्यान दिलवा दिया है तो 'क' से कोई नाम सोचना होगा।'

खैर, वह उपन्यास 'वधस्थल' नाम से ही छपा और उसका जो प्रारूप छपा, वह उस विजन के कहीं भी आसपास नहीं था जो जोशी जी सोच रहे थे। एक तरह से वह आखिरी उपन्यास था जिसे वे अन्तिम समय तक बार-बार लिखवाते रहे। उसके तीन प्रारूप तो मेरे कम्प्यूटर में ही थे।

हालाँकि यह कहना भी सही नहीं होगा कि 'वधस्थल' उनका अन्तिम उपन्यास था, बल्कि कई और थे जिनके ऊपर वे काम कर रहे थे। मैंने पहली बार यह देखा कि वे एक साथ कई उपन्यास लिख रहे थे और कोई भी पूरा नहीं हो रहा था।

एक उपन्यास 'गिनुआ' था जो कूर्मांचल की जागर शैली में लिखा जा रहा था। जागर बुलाना उसी तरह की परम्परा है जिस तरह बिहार में भगतई की परम्परा है।

किसी आदमी के ऊपर आत्मा आती है और वह अपने और दूसरे लोगों के अतीत के बारे में बोलने लगता है। उपन्यास में अमेरिका में बसी एक पहाड़ी स्त्री इसी शैली में अपने अतीत को याद कर रही होती है।

यह उपन्यास भी काफी लिखा जा चुका था लेकिन पढ़ते हुए ऐसा लगता है, जैसे किसी कथा के दीर्घ नोट्स हों! विस्तार ही विस्तार है।

एक उपन्यास 'ई बान्धवा ऊ बान्धवा' भी था जिसका एक अंश 'हंस' में प्रकाशित हुआ था।

एक के बाद एक अधूरी रचनाओं का अम्बार लगता जा रहा था लेकिन पूरा कुछ भी नहीं हो रहा था। कुछ तो मुझे लगता है कि उनके टाइपिस्ट के बदल जाने के कारण भी उनके लेखन में बिखराव आता जा रहा था।

शम्भुदत्त सत्ती महात्मा गांधी अन्तरराष्ट्रीय हिन्दी विश्वविद्यालय में नियुक्त तो पहले ही हो गए थे, लेकिन अब वे हमेशा के लिए विश्वविद्यालय के मुख्यालय में काम करने वर्धा चले गए।

मैंने वर्धा जाने से मना कर दिया और विश्वविद्यालय की नौकरी छोड़कर सड़क पर आ गया और उनके यहाँ मेरा आना-जाना भी अनियमित हो गया।

उनका नया टाइपिस्ट आ गया था दिनेश। वह 'आउटलुक' में काम करता था, जिसके हर अंक में उनका स्तम्भ भी छपता था। वह कुछ समय के लिए उनके पास टाइप करने के लिए आता था। बीच-बीच में वे हाथ से भी लिखने लगे थे। लेकिन कुछ भी पूरा नहीं हो पा रहा था।

एक शाम मैं उनके यहाँ गया और बात उनके उपन्यासों की चली तो कहने लगे, 'मेरे लिए मुश्किल यह नहीं है कि मैं क्या लिखूँ, क्या प्रकाशित करवाऊँ। मुश्किल यह है कि मैं अपने मानकों पर खरा नहीं उतर पा रहा हूँ। मेरे सभी उपन्यास अलग-अलग शैली के लिए जाने गए लेकिन अब मैं कोई नया लहजा नहीं बना पा रहा हूँ। मुझे लगता है कि एक लेखक को सबसे ज्यादा तकलीफ इस बात से होती होगी जब वह अपने-आपको दोहराने लगता है। आखिर हिन्दी के लेखक को पाठकों के प्यार के अलावा मिलता ही क्या है जो वह बेस्टसेलर लेखकों की तरह खुद को दोहराता रहे? उपलब्धियों का तो पता नहीं, लेकिन मुझे लेखक के रूप में अपने मानकों पर खरा न उतर पाने का बहुत अफसोस है।'

उसके बाद बहुत देर तक हम दोनों चुपचाप बैठे रहे।

गुरु सुआ जेहि पंथ दिखावा

2003 के 31 दिसम्बर को मैंने वर्धा से दिल्ली की ट्रेन पकड़ ली। महात्मा गांधी अन्तरराष्ट्रीय हिन्दी विश्वविद्यालय की जमी-जमाई नौकरी छोड़कर मैंने जीवन में एक बार और सपनों को पूरा करने की कोशिश की। कौन-से सपने?

फिल्म और टीवी के लिए लिखने का सपना तो मनोहर श्याम जोशी के लेखन छोड़ने के साथ ही एक तरह से खत्म हो गया था। लेखक के रूप में मैं तब भी कुछ खास नहीं लिख रहा था—अखबारों-पत्रिकाओं में पुस्तकों की समीक्षा लिखने के अलावा। एकाध कहानियाँ लिखी थीं। कुछ लोगों ने उसकी चर्चा भी की थी लेकिन मुझे लगता है कि वह चर्चा कहानी के अच्छे-बुरे होने से अधिक इस कारण हुई थी क्योंकि मैं 'बहुवचन' का सम्पादन करता था।

मेरे वरिष्ठ पत्रकार-लेखक मित्र प्रियदर्शन ने कुछ समय पहले ही बातों-बातों में बताया था कि अगर आप किसी अखबार या किसी पत्रिका में काम करते हैं तो आपके लिखे की चर्चा जरूर होती है।

इस बीच मेरी शादी भी हो गई थी और ऐसे में नौकरी छोड़कर आ जाना कोई व्यावहारिक निर्णय नहीं था। लेकिन विश्वास था कि दिल्ली में मुझे कोई न कोई अच्छा काम जरूर मिल जाएगा क्योंकि मैं 'बहुवचन' का सम्पादक रह चुका था, और उन दिनों उस पत्रिका की बड़ी चर्चा रहती थी।

लेकिन दिल्ली आने पर पाया कि मैं एक बार फिर से हिन्दी की दुनिया की क्षुद्रताओं में फँस चुका था। जिसके पास काम माँगने जाता, वह मेरा मजाक उड़ाता कि बिना किसी अनुभव के अशोक वाजपेयी ने तुमको सम्पादक बना दिया तो इससे क्या, तुम इस बाजार के लिए अयोग्य थे। जिन लोगों को मैं अपना बेहद करीब समझता था, जिन लोगों के साथ 'बहुवचन' के दिनों में अक्सर उठता-बैठता था, वे लोग मुझे 'बेकार' समझकर मुझसे किनारा करने लगे। मैं तकरीबन चार साल अच्छी नौकरी करने के बाद एक बार फिर से खुद को बेसहारा पा रहा था।

एक बार फिर मैं जोशी जी की शरण में पहुँचा। काफी समय से उनसे मिला नहीं था लेकिन उन्हें मेरे बारे में सब पता था।

बोले, 'तुम विद्रोह करना चाहते तो हो लेकिन मुश्किल यह है कि समय पर नहीं कर पाते। पहले तुम विश्वविद्यालय की नौकरी में गए लेकिन बजाय इसके कि वहाँ प्रोफेसर बनते और आगे बढ़ने की कोशिश में लग जाते, वहाँ से निकल आए। अब ऐसे समय में निकले हो जब हिन्दी में अकादमिक जगत के बाहर मनोरंजन जगत या टीवी पत्रकारिता में काम बढ़ रहा है, लेकिन तुम उस जगत में जाने का रास्ता तो पहले ही बन्द कर चुके हो। मैं तो इन दिनों 'आउटलुक' में स्तम्भ लिखने के अलावा कुछ और कर नहीं रहा हूँ।'

यह बात सही है कि एक लेखक के रूप में जोशी जी का टीवी और फिल्मों की दुनिया से नाता पूरी तरह टूट चुका था, लेकिन ऐसा नहीं था कि लोग उनसे मिलने आते नहीं थे। मुम्बई में किस्मत आजमाने वाले नये-नये निर्देशक उनके पास खूब आते थे। वे इस उम्मीद में आते थे कि जोशी जी की लिखी कोई कहानी अगर उनके पास हुई तो शायद फिल्म में पैसा लगानेवाला कोई निर्माता मिल जाए, कोई फाइनांस कर दे।

लेकिन जोशी जी की ऐसे नये निर्देशकों में कोई रुचि नहीं रहती थी। जब कोई नया निर्देशक उनसे मिलने आता तो वे उनसे मिलते और खूब बातें करते। यह अन्दाजा लगाने की कोशिश करते कि यह पैसे देने की स्थिति में है या नहीं, फिर उसको बिना किसी वादे के विदा कर देते।

विशाल भारद्वाज, मनोज वाजपेयी आदि के सहपाठी देशदीपक हिन्दू कॉलेज में पढ़ाई करने के बाद रूस में फिल्म की पढ़ाई करने चले गए थे। वहाँ से लौटकर उन्होंने एक फीचर फिल्म भी बनाई : 'जहाँ तुम ले चलो'। इस फिल्म में निर्मल पांडेय ने मुख्य भूमिका निभाई थी, गाने गुलजार ने लिखे थे और संगीत दिया था विशाल भारद्वाज ने। तब विशाल भारद्वाज फिल्म निर्माण-निर्देशन में नहीं आए थे। फिल्म की ठीक-ठाक चर्चा हुई थी। अपने विषय के कारण फिल्म की सराहना भी हुई थी। एक गाना 'अठन्नी सी जिन्दगी, चवन्नी सी जिन्दगी' उन दिनों रेडियो पर खूब बजता था।

देशदीपक जोशी जी के बहुत बड़े प्रशंसक थे। एक बार जब वे दिल्ली आए तो मुझे फोन किया और कहा कि जोशी जी से टाइम ले लो, मुझे उनसे मिलना है।

मैंने फोन किया और देशदीपक के बारे में उन्हें बताया। उन्होंने कुछ खास उत्साह तो नहीं दिखाया, लेकिन अगले दिन आने के लिए बोल दिया।

देशदीपक एक पोलिटिकल सेटायर बनाना चाहते थे, और उन्हें ऐसा लगता था कि 'नेताजी कहिन' जैसा व्यंग्यात्मक स्तम्भ लिखने वाले जोशी जी ही उस फिल्म की पटकथा के साथ न्याय कर सकते थे। आइडिया था कि किस तरह एक नेता धर्म के नाम पर लोगों को बेवकूफ बनाकर लम्बे समय तक चुनाव जीतता रहता है लेकिन असल में उनके लिए कुछ नहीं करता।

आइडिया जोशी जी को पसन्द तो आया लेकिन उन्होंने देशदीपक से पूछा कि उनकी फिल्म का निर्माता कौन होगा?

जवाब में देशदीपक बोले कि उन्हें पूरा आत्मविश्वास था कि फिल्म को अच्छा निर्माता मिल जाएगा क्योंकि उस समय मुम्बई में बतौर निर्देशक देशदीपक की साख अच्छी थी। अगर जोशी जी पटकथा लिख देते तो सोने पर सुहागा हो जाता। एडवांस के रूप में वह अपने साथ अच्छी राशि भी लेकर आए थे।

लेकिन जोशी जी ने कहा, 'मैं आपको सहमति दे देता हूँ कि मैं आपके लिए फिल्म लिखूँगा और आप इसी आधार पर निर्माता ढूँढ़ लीजिए।'

देशदीपक को लगा कि जोशी जी शायद ऐसा समझ रहे हैं कि देशदीपक उनको धन नहीं देंगे इसलिए उन्होंने चेक बुक निकाल ली।

लेकिन जोशी जी ने चेक लेने से इनकार कर दिया।

देशदीपक के जाने के बाद जब मैंने उनसे इसका कारण जानना चाहा कि आखिर उन्होंने एडवांस लेने से मना क्यों कर दिया तो जोशी जी ने हँसते हुए जवाब दिया, 'यह फिल्म नहीं बना पाएगा। उत्साही बहुत है लेकिन इसे कोई निर्माता नहीं मिल पाएगा। अब बेचारे की जमा-पूँजी को क्यों डुबाना?'

उस समय तो मुझे उनकी बात पर यकीन नहीं हुआ लेकिन 2017 में जब एक लम्बी बीमारी के बाद उनका देहान्त हुआ, तब तक वे अपनी दूसरी फिल्म नहीं बना पाए।

इस तरह के कई उदाहरण हैं जब उन्होंने नये निर्माताओं-निर्देशकों से बेवजह पैसे लेने से इनकार कर दिया।

एक बहुत बड़ा उदाहरण तो यह है कि उन्होंने एडवांस में मिली बहुत बड़ी राशि लौटा दी।

बात 1980 के दशक की है जब 'हमलोग', 'बुनियाद' जैसे धारावाहिकों के लेखक के रूप में जोशी जी का नाम गूँज रहा था। वे जब भी मुम्बई जाते तो सभी बड़े फिल्म निर्माताओं, निर्देशकों से उनकी मुलाकातें होतीं, बातें होतीं।

एक बार किसी ने उन्हें मनमोहन देसाई से मिलवाया। उनको इन्होंने एक छोटी-सी कहानी सुनाई। सुनकर मनमोहन देसाई इतने प्रभावित हुए कि उन्होंने उसी समय इनको पाँच लाख रुपए का चेक दे दिया। उस जमाने में यह बहुत बड़ा एडवांस था।

कहते हैं, इतना बड़ा एडवांस तब अमिताभ बच्चन को मिलता था।

अगली सुबह मनोहर श्याम जी फ़्लाइट से दिल्ली लौट आए।

उनके घर पहुँचने के घंटे-भर के अन्दर दिल्ली के प्रसिद्ध रिज सिनेमा का मालिक उनके घर आ गया। वह मनमोहन देसाई का रिश्तेदार था। उसने आकर

जोशी जी को सूचित किया कि मनमोहन देसाई ने तय किया है कि फिलहाल फिल्म नहीं बनाएँगे, इसलिए कल रात उन्होंने जो एडवांस दिया था, वे उसे वापस कर दें।

फिल्म इंडस्ट्री में इसका चलन नहीं था कि कोई एडवांस का पैसा वापस करे। कई लेखकों–निर्देशकों का गुजारा इसी तरह एडवांस के सहारे चलता था। मेरे सीनियर देशदीपक के बारे में मैं खुद जानता था कि भले ही उनकी दूसरी फिल्म कभी पर्दे पर नहीं आ पाई लेकिन समय–समय पर फिल्म निर्देशन के लिए जो एडवांस उन्हें मिलते थे, उसी से वे मुम्बई में आराम की जिन्दगी जीते रहे।

बहरहाल, जोशी जी ने जैसे ही सुना, वे अन्दर गए और वापस आकर रिज सिनेमा के मालिक के हाथ में चेक पकड़ा दिया।

खुद जोशी जी ने मुझे बताया था कि कहा जाता है, इंडस्ट्री में ऐसा केवल दो बार हुआ था—एक बार अमिताभ बच्चन ने एक निर्माता का 5 लाख का एडवांस महज इसलिए लौटा दिया था क्योंकि वह फिल्म बनाने के पैसे नहीं जुटा पाया था और उसकी माली हालत खराब हो गई थी।

मनोहर श्याम जोशी ने मनमोहन देसाई का एडवांस उस समय लौटा दिया था जब निर्देशक के रूप में उनका मुहावरा फेल होने लगा था, लाउड लगने लगा था। वे कुछ अलग हटकर, कुछ नया करना तो चाहते थे लेकिन साहस नहीं जुटा पा रहे थे।

मनमोहन देसाई वाली घटना तो बहुत पुरानी थी लेकिन मैं जिस दौर की बात कर रहा हूँ, उस दौर में भी उनको कई ऐसे ऑफर मिले जो बड़े थे, लेकिन बात आगे नहीं बढ़ी।

2004–05 में विधु विनोद चोपड़ा ने 'यज्ञ' नामक एक फिल्म की घोषणा की थी। फिल्म का मुहूर्त भी हुआ था लेकिन बात उससे आगे नहीं बढ़ पाई।

उस फिल्म में यज्ञ के दृश्य को शूट करने तथा फिल्म में स्टोरी कंसल्टेंट बनने के लिए उनको खुद विधु विनोद चोपड़ा ने दो बार फोन किया, लम्बी बातचीत हुई। दूसरी बार विनोद चोपड़ा ने कहा कि आप आने की तैयारी कीजिए, कल मैं टिकट भिजवाता हूँ।

जोशी जी ने तो तैयारी कर ली लेकिन न टिकट आया, न विधु विनोद चोपड़ा का फोन आया। बल्कि जोशी जी ने अपनी तरफ से कई बार फोन करके सम्पर्क करने की कोशिश की लेकिन विनोद चोपड़ा ने फिर कभी उनसे कोई बात नहीं की।

इसी तरह, दिल्ली में किसी एक पार्टी में किसी अनिल गुप्ता ने मनोहर श्याम जी को प्रसिद्ध अमेरिकी अभिनेता रिचर्ड गेरे से मिलवाया। बौद्ध होने के कारण वे उन दिनों कई बार भारत आए थे और वे दो भाषाओं में फिल्म बनाने की योजना बना रहे थे, जो हरमन हेस के उपन्यास 'सिद्धार्थ' का एक समकालीन रूपान्तरण होनेवाला था। उसके लिए रिचर्ड गेरे फाउंडेशन ने जोशी जी से न केवल बातचीत की बल्कि उनको टोकन एडवांस भी दिया, जो अमेरिकी डॉलर में ठीक ठाक राशि थी। लेकिन

न वह परियोजना आगे बढ़ी, न फिर कभी रिचर्ड गेरे फाउंडेशन की तरफ से उनसे किसी ने कभी बात की।

ऐसा नहीं है कि वे बहुत परेशान रहते थे इन बातों को लेकर। मैंने पहले भी लिखा है कि वे समझ गए थे कि समय बदल चुका था इसलिए वे 'आउटलुक' का स्तम्भ लिखते और अपने बकाया साहित्यिक उपन्यासों को पूरा करने में लगे रहते थे। उनका टाइपिस्ट दिनेश महीने में अमेरिकन सेंटर से दो-चार किताबें ला दिया करता था।

एक दिन उन्होंने मुझे कहा, 'फिल्म-टीवी के लिए लिखना मृग-मरीचिका के पीछे भागने जैसा होता है। अगर मन में यह तय कर लिया कि फिल्मों के लिए लिखना है तो फिर साहित्य को पूरी तरह से छोड़ देना चाहिए। दोनों दुनियाओं में पैर जमाने के चक्कर में लेखक न इधर का रह जाता है, न उधर का।'

उनकी बात सुनकर मुझे एकाएक कमलेश्वर की बात याद आ गई। एक बार कमलेश्वर ने मुझे बातचीत के क्रम में बताया था कि जानते हो, हिन्दी के अधिकांश लेखक फिल्मों में सफल क्यों नहीं हो पाते? क्योंकि उनके मन में यह भाव बना रहता है कि वे जो लिख रहे हैं, वह घटिया है। वे महज पैसों के लिए लिख रहे हैं। असल लेखन तो साहित्यिक लेखन ही होता है इसलिए वे आधे मन से फिल्मों में लिखते हैं। वे जिस विधा के लिए लिख रहे होते हैं, उसकी श्रेष्ठता को लेकर वे हमेशा सन्देह में रहते हैं। फिर सफल कहाँ से होंगे? सबसे जरूरी होता है कि आप जो भी लिखें, उसमें आपका विश्वास हो। अगर मनमोहन देसाई अपनी फिल्म में यह दिखाता है कि शिर्डी के साईं बाबा के सामने पूजा करने से आँखों की रोशनी वापस आ जाती है तो सबसे पहले वह इसमें खुद यकीन रखता है, इसीलिए जब वह पर्दे पर ऐसा होते हुए दिखाता है तो देखने वालों को भी विश्वास हो जाता है।'

ऐसा नहीं था कि जोशी जी कुछ नहीं कर रहे थे इसलिए उन्होंने मेरी चिन्ता छोड़ दी थी या उनका रसूख कम हो गया था। वे याद कर-करके सम्पादकों को, अलग-अलग क्षेत्र के लोगों को फोन करते और मेरे बारे में बताते।

सामनेवाला उनकी बात सुनता, कुछ न कुछ करने का आश्वासन देता और फोन रखते ही मुझे भूल जाता। उन नामों में 'दैनिक हिन्दुस्तान' की सम्पादक मृणाल पांडे से लेकर सेंटर फॉर मीडिया स्टडीज के सी. भास्कर राव तक शामिल थे।

मुझे याद है, उन दिनों उन्होंने कई बार कहा कि 'आनेवाले समय में हिन्दी का बाजार बहुत बढ़ने वाला है। चूँकि इस बाजार को भरने के लिए हिन्दी में उत्कृष्ट लेखन है नहीं, इसलिए अंग्रेजी के माध्यम से अनुवाद का बाजार बहुत तेजी से बढ़नेवाला है। इसमें घुस जाओ।'

इस काम के लिए उन्होंने कुछ प्रकाशकों को फोन भी किए।

उन्हीं दिनों राजकमल प्रकाशन के मालिक श्री अशोक महेश्वरी ने मुझे 'ऐन फ्रैंक की डायरी' पुस्तक अनुवाद के लिए दी और उसका अच्छा भुगतान भी किया।

जोशी जी ने अपने रसूख का इस्तेमाल करते हुए अमेरिकन सेंटर में अनुवाद के लिए बात की। उन दिनों अमेरिकन सेंटर की पत्रिका 'स्पैन' के हिन्दी अनुवाद का काम था, जो मुझे थोड़ा-बहुत मिलने लगा। तब महँगाई इतनी नहीं थी इसलिए ठीक-ठाक ढंग से गुजारा हो जा रहा था; बल्कि मैं सोचने लगा था कि आनेवाले समय में मैं फ्रीलांस अनुवादक के रूप में ही काम करूँगा।

जोशी जी मेरा उत्साह भी बढ़ाते रहते थे और साथ ही बताते भी रहते थे कि करीब दस साल तक वे नियमित रूप से अनुवादक बने रहे। बल्कि 1950 के दशक के आखिरी वर्षों में जब भाषायी आधार पर राज्यों के पुनर्गठन से सम्बन्धित समिति ने अपनी सिफारिशें दी थीं तो उस लम्बी-चौड़ी रिपोर्ट का बहुत कम समय में मनोहर श्याम जोशी और रघुवीर सहाय की जोड़ी ने अनुवाद कर दिया था।

उनके कहे अनुसार, उस दौर में ऐसे हिन्दी वाले बहुत कम होते थे जो अंग्रेजी अच्छी जानते हों और उससे भी बढ़कर अंग्रेजी से हिन्दी में अच्छा अनुवाद कर सकते हों। फिर हँसते हुए कहते कि हर दौर में ऐसे हिन्दी वाले कम ही होते हैं।

उन्हीं दिनों 'सहारा समूह' की साप्ताहिक पत्रिका 'सहारा समय' ने एक अखिल भारतीय कहानी प्रतियोगिता का आयोजन किया जिसमें देश-भर से 1500 कहानियाँ आईं। पारदर्शिता और विश्वसनीयता को सुनिश्चित करने के लिए उन्होंने लेखकों के नाम हटाकर पहले अलग-अलग दस लेखकों को कहानियों के चयन के लिए भेजा। उसके बाद चयनित कहानियों में से प्रथम, द्वितीय और तृतीय पुरस्कार के साथ-साथ दस सांत्वना पुरस्कारों के लिए एक ज्यूरी बनाई, जिसमें नामवर सिंह, विश्वनाथ त्रिपाठी, सुधीश पचौरी, 'सहारा' के समूह सम्पादक गोविंद दीक्षित के साथ-साथ मनोहर श्याम जोशी को भी रखा गया।

आश्चर्यजनक रूप से मेरी कहानी 'जानकी पुल' को प्रथम पुरस्कार मिला। पुरस्कार की राशि 31 हजार रुपये थी। हिन्दी की दुनिया में यह चर्चा आम थी कि जोशी जी ने दबाव डालकर मुझे प्रथम पुरस्कार दिलवा दिया।

मैंने एक बार उनसे यह जानना चाहा कि क्या यह बात सही है?

उनका जवाब था, 'तुम डिजर्व करते थे और सबसे बड़ी बात यह कि पुरस्कार की राशि अच्छी थी। अब चलो, तुम लेखक बन गए!'

मैंने उनसे जानना चाहा कि मेरी कहानी 'जानकी पुल' उनको कैसी लगी, तो जवाब में उन्होंने मेरा खास उत्साहवर्धन नहीं किया। बोले, 'देखो, कुछ दिन पहले तुमने जब 'तद्‌भव' में 'बदनाम बस्ती' शीर्षक से रिपोर्ताज लिखा था, तब भी मैंने तुमसे कहा था कि तुम संस्मरण अच्छा लिखते हो। 'जानकी पुल' की शैली भी

संस्मरणात्मक है। मेरी यही सलाह है कि तुम आगे संस्मरण लिखना, खूब नाम कमाओगे।'

'संस्मरण?' कहकर मैं चुप हो गया।

अचानक उन्होंने संस्मरण को लेकर विषयान्तर करते हुए कहा, 'जानते हो, मैंने तुम्हारे और न जाने कितने सम्पादकों, लेखकों के बार-बार कहने के बावजूद अज्ञेय जी के ऊपर कोई संस्मरण क्यों नहीं लिखा?' फिर कुछ रुकते हुए बोले, 'क्योंकि मेरा यह मानना रहा है कि किसी के ऊपर संस्मरण लिखने का अधिकारी वही होता है जिसकी दक्षता कुछ तो उसके समकक्ष हो जिसके ऊपर वह लिख रहा हो। मैं चाहे जो भी हो गया होऊँ, अज्ञेय जी के आसपास भी नहीं पहुँच पाया—न प्रतिभा में, न उपलब्धियों के मामले में।'

न जाने क्यों, मुझे उनके कहने में ऐसा लगा, जैसे वे यह कह रहे हों कि मैंने तुम्हें अच्छा संस्मरणकार कह दिया तो इसका मतलब यह नहीं कि मेरे ऊपर ही संस्मरण लिखने लगो! संस्मरण तभी लिखना जब मेरे जैसे लेखक बन जाओ।

जाहिर है कि उस समय मुझे 'जानकी पुल' ने प्रसिद्धि भले दिलवा दी हो, एक कथाकार के रूप में चर्चा में भले ही ला दिया हो लेकिन सच्चाई तो यही थी कि मैंने लेखक कहाने लायक कुछ खास लिखा ही नहीं था। आज भी यह लिखते वक्त मुझे बार-बार उनकी यह बात याद आ रही है और सोच रहा हूँ कि क्या उनके मानकों पर मैं संस्मरण लिखने का अधिकारी हो गया हूँ?

वे लगातार इस कोशिश में लगे रहते थे कि मुझे मुख्यधारा के किसी अखबार में प्रवेश दिलवा सकें। 'दैनिक हिन्दुस्तान' में मृणाल जी ने उनके कहे का कोई ध्यान नहीं रखा, लेकिन ओम थानवी ने रखा।

'जनसत्ता' के सम्पादक ओम थानवी को मैं पहले से ही जानता था और उनके अखबार में एडिट पेज पर जगह भी खाली थी। अगर वे मुझे मौका दे देते तो मैं बतौर सहायक सम्पादक मुख्यधारा की पत्रकारिता में आ जाता।

मुझे ऐसा लगता था कि ओम थानवी और 'जनसत्ता' की पत्रकारिता में ही मैं फिट हो सकता था क्योंकि 'जनसत्ता' में साहित्यिक लेखन-समाचारों को प्रमुखता से स्थान दिया जाता था। स्वयं ओम थानवी भी साहित्य में बहुत दिलचस्पी रखते थे इसलिए वहाँ थोड़ा-बहुत साहित्यिक माहौल था। बाकी अखबारों में तो साहित्यिक पृष्ठभूमि का होना बाधा के रूप में देखा जाता था। उस समय तक साहित्य और पत्रकारिता के बीच खाई बहुत बढ़ चुकी थी इसलिए 'जनसत्ता' को लेकर मैं उम्मीद में था।

हालाँकि मैं उनसे काम माँगने के सिलसिले में पहले भी मिल चुका था और उन्होंने मुझसे सम्पादकीय लिखवाकर टेस्ट भी लिया था। उन्होंने मुझे रिजेक्ट तो

नहीं किया लेकिन सेलेक्ट भी नहीं किया। एक महीने से ऊपर हो गया था और उनका कोई जवाब नहीं आया।

जाहिर-सी बात है कि मैंने यह सब कुछ मनोहर श्याम जोशी को बता रखा था।

जोशी जी जब से मनोरंजन लेखन के क्षेत्र से मुक्त हुए थे, उन्होंने पुराने पत्रकार होने के कारण पत्रकारिता क्षेत्र में थोड़ी-बहुत चहलकदमी शुरू कर दी थी। 'आउटलुक' में स्तम्भ लिखते थे जो खासा लोकप्रिय था और इन्हीं वजहों से कई बार उन्हें राजनेताओं के यहाँ से आमंत्रण मिलते थे। अमूमन तो वे कहीं जाते नहीं थे लेकिन कई बार ऐसा होता कि उन्हें जाना पड़ता था। ऐसा ही एक आमंत्रण उन्हें केन्द्रीय मंत्री रामविलास पासवान के यहाँ से लिट्टी-चोखा के भोज का आया।

वहाँ उनकी मुलाकात ओम थानवी से हुई। दोनों पहले भी मिलते रहते थे। जोशी जी की जन्मभूमि अजमेर थी और इस कारण वे खुद को राजस्थानी मानते थे। ओम थानवी भी राजस्थानी हैं और संयोगवश दोनों अज्ञेय के शिष्य भी थे। वहीं बातों-बातों में जोशी जी ने ओम थानवी को मेरी योग्यताओं के बारे में बताना शुरू कर दिया और उनसे आग्रह किया कि अगर 'जनसत्ता' में वे मुझे काम करने का मौका दें तो वे निराश नहीं होंगे।

मनोहर श्याम जोशी की ख्याति ऐसी थी कि वे आम तौर पर किसी व्यक्ति से उसकी प्रतिभा के कारण ही आकर्षित होते थे।

जोशी जी की बातों से ओमजी प्रभावित हुए शायद और अगले ही दिन उन्होंने मुझे फोन करके 'जनसत्ता' में सहायक सम्पादक के रूप में नौकरी करने के लिए आमंत्रित कर दिया।

लेकिन जोशी जी ने कभी यह नहीं जताया कि यह नौकरी मुझे उनके कारण मिली थी।

जब मैं उन्हें यह बताने के लिए गया कि मुझे 'जनसत्ता' में नौकरी मिल गई है जिसकी मुझे सख्त आवश्यकता थी तो उन्होंने बधाई दी और मुस्कुराते रहे।

उसी रात उनकी फ़्लाइट थी। वे अपने बेटों—अनुपम जोशी और अनुराग जोशी—के पास अमेरिका जा रहे थे। गर्मियों में वे लम्बे समय के लिए अमेरिका चले जाते थे। उनके सबसे छोटे बेटे आशीष जोशी दिल्ली में उनके साथ ही रहते थे। वे एक बड़े फाइव स्टार होटल में शेफ थे। आज भी हैं।

शाम हो गई थी। मैंने उनसे कहा कि जाते-जाते यह बता जाते कि 'जनसत्ता' में आपका क्या प्रकाशित करूँ? कुछ नया मिल जाता तो बहुत अच्छा होता।

वे उस दिन बहुत निश्चिन्त, बहुत शांत बैठे हुए थे। शाम गहरा रही थी। उन्होंने मुझे कहा, 'जाओ, स्टडी से कागज-कलम ले आओ।'

मैं गया और ले आया।

उन्होंने लिखवाना शुरू किया। वह 'कसप' की रचना-प्रक्रिया थी।

उनके किसी नजदीकी मित्र ने उनके साथ ऐसा छल किया था जिसके कारण उनकी नौकरी पर संकट आ गया था। उनका विश्वास दरक गया था। उसी मनोदशा में उन्होंने 'कसप' लिखना शुरू किया। एक माह से भी कम समय में उन्होंने पूरा उपन्यास लिख लिया था।

इसी विषय पर लिखा गया वह लेख बाद में 'जनसत्ता' में प्रकाशित हुआ और नामवर सिंह द्वारा उपन्यासों पर सम्पादित एक पुस्तक में भी उस लेख को शामिल किया गया है।

उस दिन काफी देर तक वे मुझे यह समझाते रहे कि पत्रकारिता में आगे बढ़ने के लिए किस तरह से काम करना चाहिए। उन्होंने साफ-साफ समझाया कि 'आजकल पत्रकारिता ऐसी हो गई है कि अच्छा लिखने वाले पत्रकारों की कोई पूछ नहीं रह गई। क्योंकि अब पत्रकारिता बहुत बदल चुकी है। सम्पादकों की भूमिका भी बहुत बदल चुकी है। इसीलिए हाल में जब मुझे रोमेश चन्द्र जैन ने 'नवभारत टाइम्स' की सम्पादकी का ऑफर दिया था तो मैंने मना कर दिया।'

मैं बड़े ध्यान से सुनता, काम भी करता रहा।

लेकिन एक साल बाद मुझे अचानक अपने गुरु सुधीश पचौरी की कृपा से दिल्ली विश्वविद्यालय के जाकिर हुसैन सांध्य कॉलेज में पढ़ाने का अवसर मिला और मैंने सदा के लिए पत्रकारिता को अलविदा कह दिया।

शासित लेखन, अनुशासित जीवन

जोशी जी बहुत अनुशासित थे। सुबह उठ जाते और पूजा-पाठ करके दस बजे तक अपने कामकाज के कमरे में आ जाते (कमरा इतना अव्यवस्थित रहता था कि उसे इतने बड़े लेखक का स्टडी-रूम कहने में संकोच होता है)। बरसों तक उनका टाइपिस्ट दस बजे आता रहा और शाम के पाँच बजे तक लेखन का काम होता रहा। बीच में 1 से 2 बजे के दरम्यान लंच ब्रेक होता और फिर थोड़ा-बहुत आराम। पाँच बजे के बाद चाय पीना, टहलना, टीवी देखना और फिर कोई न कोई किताब पढ़ना। उसके बाद भोजन और फिर सो जाना।

मैंने उन्हें कभी पढ़ते हुए नहीं देखा लेकिन देश-विदेश की किसी भी पत्रिका में प्रकाशित उल्लेखनीय बातों और नई से नई किताबों के बारे में उनकी जानकारी अद्‌भुत थी। इसके बारे में मैं पहले ही विस्तार से लिख चुका हूँ।

वह गूगल का जमाना नहीं था इसलिए यह तो निश्चित रूप से कहा जा सकता था कि वे पढ़ते थे या ऐसे लोगों की संगत में रहते थे जो पढ़े-लिखे थे। हालाँकि हिन्दी के किसी लेखक के साथ उठते-बैठते मैंने उन्हें कभी नहीं देखा।

'हिन्दुस्तान टाइम्स समूह' की नौकरी से 1984 में अलग होने के बाद वे घर में ही रहकर लेखन-कार्य करते रहे। दिन-भर लिखते और शाम होते ही पारिवारिक हो जाते। शायद ही किसी साहित्यिक कार्यक्रम में मैंने उन्हें शिरकत करते देखा हो, लेकिन शाम को परिवार के साथ किसी आयोजन में जाना हो तो अवश्य जाते थे। अपने साक्षात्कारों में वे खुद को 'पालतू बोहेमियन' कहते रहे।

जैसाकि उनकी किताबों पर उनके परिचय में लिखा रहता था—पूर्ण रूप से मसिजीवी, उस अर्थ में वे पूर्ण रूप से मसिजीवी थे। सम्पादक के रूप में सफल भी उसी दौर में रहे, जिस दौर में अच्छा लिखने वाला अच्छा सम्पादक माना जाता था। लेकिन अपने जीवन में वे लेखक की तरह नहीं लगते थे। साहित्यिक आयोजनों में वक्ता या श्रोता, किसी भी रूप में उनका जाना कम ही हो पाता था।

कभी दूसरे लेखकों की तरह देर रात तक उन्हें महफिलें सजाते भी नहीं देखा। यह सब मैं इसलिए कह रहा हूँ क्योंकि उन दिनों लेखकों की महफिलें लगा करती

थीं। कुछ लेखक-सम्पादक ऐसे थे जो रोज शाम को या तो अपने यहाँ महफिल सजाते या किसी-न-किसी के यहाँ महफिल में जाते।

अशोक वाजपेयी के दिल्ली आने के बाद धीरे-धीरे लेखकों में 'इंडिया इंटरनेशनल सेंटर' लोकप्रिय होने लगा था। शाम को किसी-न-किसी के सौजन्य से उसके बार में बैठनेवाले हिन्दी लेखकों की संख्या में इजाफा होता जा रहा था।

उन्हीं दिनों संजय चतुर्वेदी की एक लम्बी कविता 'इंडिया टुडे' में आई थी : 'इंडिया में एक सेंटर था जो इंटरनेशनल था'।

वे वहाँ भी नहीं बैठते थे।

कहने का मतलब यह कि वे ऐसी किसी महफिल में कभी नहीं बैठते थे जहाँ सिर्फ लेखकों का जमावड़ा होता।

ऐसा नहीं है कि वे शराब नहीं पीते थे लेकिन बेहद कम पीते थे। कभी-कभार पीते थे। अकेले तो शायद कभी नहीं। शायद इसका कारण यह था कि उनके ऊपर अपने पिता की छवि हावी रही।

उनके पिता अगर अधिक समय तक जीवित रहे होते तो विख्यात आदमी होते लेकिन कम उम्र में ही शराबनोशी से उनका देहान्त हो गया।

उनके उपन्यास 'कुरु-कुरु स्वाहा...' में यह प्रसंग आता है कि कम उम्र में ही मनोहर के पिता की मृत्यु हो गई है और उसकी माँ पिता के मृत शरीर के पास शराब की बोतलें फोड़ रही हैं।

यह प्रसंग सही था या गलत, यह मैंने कभी नहीं पूछा उनसे लेकिन मनोहर श्याम जोशी के पिता का जब देहान्त हुआ था, उस समय जोशी जी की उम्र शायद आठ साल थी।

पिता की मृत्यु के बाद उनके बड़े भाई दुर्गादत्त जोशी भी बहुत अधिक शराब पीने लगे और प्रतिभाशाली होने के बावजूद जीवन में कुछ बड़ा नहीं कर पाए। प्रसंगवश, 'कसप' उपन्यास के नायक की तरह उनके बड़े भाई को भी सभी 'डीडी' बुलाते थे—'डीडी द मूडी'!

मुझे लगता है कि अपने परिवार में शराबनोशी से पिता की असमय मृत्यु को देखने के कारण ही वे शराबी नहीं बन पाए या अपनी युवावस्था को छोड़कर वे कभी उस तरह का जीवन जी नहीं पाए जिस तरह के जीवन को आम तौर पर लेखक का जीवन कहा जाता है। दूसरे, कम उम्र से ही उनके ऊपर पारिवारिक जिम्मेदारियों का ऐसा बोझ रहा जिसकी वजह से भी वे एक तरह का अनुशासित जीवन जीते रहे।

लेकिन उनके पास तोहफे में अक्सर शराब की बोतलें आती रहती थीं—जॉनी वाकर से लेकर उच्च कोटि की माल्ट व्हिस्की तक।

हर साल जब उनके पिता का श्राद्ध होता था, वे उनकी पसन्द की चीजें दान में दिया करते थे, जिनमें माल्ट व्हिस्की की बोतलें भी होती थीं।

दान की बोतल किसको दें, यह हर बार एक समस्या होती। एक या दो बार उन्होंने मुझे भी ब्लैक लेबल या रेड लेबल की बोतल दी और यह कहा कि तुम्हारे जाननेवाला कोई पीता हो तो उसे दे देना। न कभी वे पूछते थे कि मैं पीता था या नहीं, न ही मैं उन्हें बताता था।

पहली बार जब ब्लैक लेबल की बोतल मेरे हाथ आई तो मैं बहुत उत्साहित था। होस्टल में कमरा बन्द करके उसको निहारते हुए सोचता रहा था कि किसी दिन अपने चुनिन्दा साथियों के साथ पीऊँगा। कभी सोचता था कि किसी को तोहफे में दे दूँगा। इसी देखते रखने के क्रम में एक दिन कमरे में ही बोतल गिरकर टूट गई। सपने टूटने की कोई आवाज नहीं होती लेकिन बोतल टूटने की आवाज आई थी—छन्न...!

बहुत बाद में मैंने एक कहानी लिखी : 'फ्रांसीसी रेड वाईन', जिसमें कथानायक का साला दफ्तर के काम से फ्रांस जाता है और वहाँ से अपने जीजा के लिए रेड वाईन की बोतल लेकर आता है। सीतामढ़ी में रहनेवाला कथानायक उस बोतल को लेकर तरह-तरह के सपने देखता रहता है। अन्तत: एक दिन उसकी बोतल टूट जाती है।

कई बार वे मुझे बोतल देते और कहते—फलाँ को दे आना। आम तौर पर वे लेखकों को भिजवाते थे।

एक बार उन्होंने मुझे व्हिस्की की एक बढ़िया बोतल दी और कहा, 'घर जाते समय राजेन्द्र यादव को दे आना।'

'हंस' का दफ्तर दरियागंज में पड़ता था, जो साकेत से होस्टल लौटते वक्त मेरे रास्ते में पड़ता था। मैं बस से उतरा और सीधे 'हंस' के दफ्तर पहुँचा। शाम हो रही थी। संयोग से उस दिन यादव जी अकेले बैठे थे। जैसे ही मैंने उन्हें बोतल वाला झोला थमाया, उन्होंने कहा, 'तुम भी चलो।'

मेरी मुश्किल यह थी कि मैं कभी-कभार पी जरूर लेता था लेकिन इस तरह से बड़े लेखकों के साथ शराब पीने में डर लगता था। इसलिए मैं ना-नुकर करने लगा।

लेकिन यादव जी ने कहा, 'इस तरह अपने से बड़े व्यक्ति को बोतल थमाकर जाना अशिष्टता होती है। अगर लेकर आए हो तो चलो, कुछ लेखकों को बुला लेंगे, तुम भी बैठना। अगर इस तरह से बिना पिए जाना है तो अगली बार जब जोशी बोतल दें तो मत लाना।'

उस दिन के बाद से जब भी उन्होंने यादव जी के लिए बोतल देने की कोशिश की तो मैं मना कर देता था।

ऐसा नहीं है कि वे लेखकों की संगत में पीते नहीं थे, बैठते नहीं थे; बल्कि अपने जीवन के आखिरी दो-एक वर्षों में वे अपने घर लेखकों को बुलाते थे। देश-विदेश की बढ़िया-बढ़िया शराब उनके पास रहती थी। खाने का इंतजाम करते और लेखकों की महफिल जमाते।

एक महफिल मुझे याद है, जिसमें अशोक वाजपेयी, कुँवर नारायण, निर्मल वर्मा आदि आए थे। उस महफिल में मैंने और वाणी प्रकाशन वाले अरुण महेश्वरी ने साकी की भूमिका निभाई थी। मुझे याद है, उस पार्टी में सबने छककर पी और खाना भी बहुत सुस्वादु था।

एक बार जोशी जी ने पोलैंड से लौटकर आने के बाद मुझे कहा कि शाम में तुम अपने किसी दोस्त को बुला लेना। मेरे दोस्तों में मेरे सीनियर रविकान्त को वे पसन्द करते थे इसलिए उन्हीं को बुलाने को कहा।

लेखकों में मैंने जब केदारनाथ सिंह का नाम लिया तो उन्होंने मना कर दिया, जबकि केदारनाथ सिंह उनके पड़ोस में ही रहते थे।

उन्होंने नामवर सिंह जी को फोन किया। नामवर जी तुरन्त आ गए। उन दिनों नामवर जी 'सहारा समय' के सम्पादकीय सलाहकार थे और इस नाते उनको गाड़ी मिली हुई थी। वे उसी गाड़ी में बैठकर आए।

वह शाम मुझे नहीं भूलती। नामवर सिंह, मनोहर श्याम जोशी, मैं और रविकान्त थे। जोशी जी पोलैंड से एक विशेष वोदका लेकर आए थे जिसमें घास डली हुई थी और उसको हर्बल वोदका कहा जाता था। खास तौर पर पोलैंड में बनती थी। जोशी जी ने एक तरह से नामवर जी के सम्मान में उस बोतल को खोला।

कुछ दिन पहले ही 'कथादेश' में जोशी जी की एक कहानी आई थी, जो पत्रकारिता जगत की एक घटना पर आधारित थी। कहानी यों थी कि एक प्रमुख समाचार संस्थान में एक वरिष्ठ पत्रकार वहाँ एक सम्पादक के पास बार-बार नौकरी माँगने के लिए जाते थे। वे हाल तक एक दूसरे प्रमुख समाचार पत्र के विशेष संवाददाता रह चुके थे। एक दिन सम्पादक ने उन पत्रकार महोदय को समझाते हुए कहा कि 'आप तो सरकार के करीब माने जाते थे, सब समझते हैं। मेरे हाथ में क्या है? अगर आप आडवाणी जी से मालिक को फोन करवा दें तो आपको काम मिल सकता है।' ऐसा कहकर सम्पादक महोदय विदेश-यात्रा के लिए निकल गए।

संस्थान में उनका अनुबंध ड्यू था। संस्थान ने उनको आश्वासन दिया था कि वे छुट्टी से लौटकर आ जाएँ, उनको अच्छी वेतनवृद्धि भी दी जाएगी और जिम्मेदारियाँ भी बढ़ा दी जाएँगी। सम्पादक महोदय निश्चिन्त होकर यूरोप चले गए।

इस बीच सम्पादक महोदय की सलाह को मानते हुए वरिष्ठ पत्रकार महोदय आडवाणी जी के पास पहुँच गए और उनसे कहा कि वे फलाँ संस्थान में नौकरी दिलाने में उनकी मदद करें। आडवाणी जी ने मालिक को फोन कर दिया। संयोग से अखबार में उस समय सम्पादक की कुर्सी खाली थी, क्योंकि सम्पादक छुट्टी पर गए हुए थे। इसी बीच उस पत्रकार महोदय को उन्हीं के स्थान पर सम्पादक नियुक्त कर दिया गया।

जब सम्पादक महोदय यूरोप में छुट्टियाँ बिताकर लौटे तो उनके चैम्बर के बाहर

उन्हीं पत्रकार महोदय के नाम की तख्ती लगी हुई थी जो उनसे नौकरी माँगने आते थे और जिन्हें जाने से पहले आडवाणी जी से मिलने की सलाह दी थी।

सम्पादक महोदय ने अपनी दु:ख-भरी व्यथा मनोहर श्याम जोशी को सुनाई। उन्होंने एक कहानी लिखी जिसमें नम्बरदार सिंह नामक एक किरदार भी था, जिसके बारे में कहा जा रहा था कि वह किरदार नामवर सिंह के ऊपर आधारित था क्योंकि नामवर सिंह भी उन दिनों एक समाचार समूह में सलाहकार सम्पादक हो गए थे।

दोनों के बीच बातचीत चल रही थी। मैं साकी था। रविकान्त तो दोनों के साथ पी रहे थे लेकिन मैं पैग बनाने के दौरान ही एकाध घूँट मार लेता था और न पीने का बहाना कर रहा था।

उस दिन नामवर जी ने जोधपुर विश्वविद्यालय के दिनों की कहानियाँ सुनाईं जब अज्ञेय जी को वहाँ प्रोफेसर नियुक्त किया गया था और वहाँ के वीसी जॉन साहब ने नामवर जी की मुलाकात अज्ञेय जी से करवाई थी, और फिर किस तरह अज्ञेय जी शाम को नामवर जी को अपने साथ पीने के लिए आमंत्रित करते थे।

नामवर जी ने यह कहानी इसलिए सुनाई थी क्योंकि जोशी जी ने पहले यह कहानी सुनाई थी कि अज्ञेय जी आम तौर पर सबके साथ शराब नहीं पीते थे। उन्होंने कभी जोशी जी के साथ शराब नहीं पी। जोशी जी इतने लम्बे अर्से तक सम्पादक रहे लेकिन उनके साथ शराब पीने के लिए बैठकर अज्ञेय जी ने कभी अपने शिष्य का सम्मान नहीं बढ़ाया।

जोशी जी ने बताया कि अपने आखिरी बरसों में एक बार जब जोशी जी अज्ञेय जी से मिलने कैवेंटर्स ईस्ट के उनके बंगले में गए तो इतने बरसों में पहली बार अज्ञेय जी ने मनोहर श्याम जोशी से शाम होने के कारण पूछा कि क्या पीओगे? जोशी जी ने उनके सम्मान में पीने से मना करते हुए कुछ बहाना बना दिया था।

दोनों के बीच न जाने कितने लेखकों के बारे में बातचीत हुई। बातचीत में जोशी जी ने नामवर जी से कहा, 'नई कविता के कवियों में सर्वेश्वर सबसे पक्का कवि था। उसमें विचार भी प्रखर था, गहरी राजनीतिक समझ थी और सबसे बढ़कर उसकी कविताओं में लयात्मकता होती थी, जो कविताई उन दिनों के कवियों में विरल थी।'

नामवर जी ने हर्बल वोदका का एक घूँट लिया और बोले, 'सर्वेश्वर लड़ता भी तो बहुत था।'

महफिल काफी देर तक चली, जिसमें रविकान्त की उद्धतता से नामवर जी थोड़े चिढ़ से गए और उन्होंने जोशी जी को संस्कृत में एक श्लोक सुनाया जिसका अर्थ यह था कि नौजवानों से ज़्यादा दोस्ती नहीं करनी चाहिए। वे कब बेपानी कर दें, इसका पता नहीं होता।

दोनों बहुत देर तक दोस्तों की तरह बहस करते रहे, पुराने दिनों की याद करते रहे। जैसाकि ऊपर बताया, मैं उनके साथ पी नहीं रहा था बल्कि उनके लिए पैग बनाते हुए बीच में थोड़ा-बहुत आचमन कर ले रहा था।

वह शाम मुझे आज तक याद है क्योंकि शराब पीकर वैसी गम्भीर साहित्यिक चर्चा करते विद्वानों को उस दिन से पहले मैंने कभी नहीं देखा था।

उस शाम यह तय हुआ कि 'आलोचना' के लिए मैं मनोहर श्याम जोशी का एक लम्बा इंटरव्यू करूँगा। यह काम नामवर जी ने मुझे असाइन किया।

उनके जीते जी यह इंटरव्यू टलता रहा। उनके निधन के बाद राजकमल प्रकाशन द्वारा आयोजित शोकसभा में नामवर जी ने इसका जिक्र भी किया था। मुझे इसका अफसोस ही रह गया।

उनकी यह आदत थी कि कहीं किसी कार्यक्रम में बोलने नहीं जाना चाहते थे लेकिन अगर जाते तो खूब बोलते और फिर वापसी में समय नष्ट हो जाने का अफसोस जताते।

अपने समकालीनों में निर्मल वर्मा को छोड़कर किसी का भी बोला हुआ उन्हें पसन्द नहीं आता था—चाहे वे कमलेश्वर हों या कुँवर नारायण। वे स्वयं भी बहुत अच्छे वक्ता थे, यह तो नहीं कहा जा सकता लेकिन वे दिल से बोलते थे और सुननेवाले बहुत प्रभावित होते थे तथा उनका मनोरंजन भी बहुत होता था। शब्दों के हेरफेर से अपने वक्तव्य को मनोरंजक बना देना उनकी आदत थी।

मुझे याद है, एक बार दिल्ली विश्वविद्यालय के मिरांडा हाउस कॉलेज में वे मीडिया पर बोलने के लिए आए। वहाँ सी. भास्कर राव, शेवन्ती नैनन समेत मीडिया के अनेक अंग्रेजीदां विशेषज्ञ आए थे। पूरा माहौल अंग्रेजीमय था। वे अंग्रेजी अच्छी बोलते थे इसलिए उस दिन उन्होंने शुरुआत अंग्रेजी में की, 'आय एम सपोज टू स्पीक इन ए लैंग्वेज विच इज क्वाइट एलियन टू मी...'

बस, क्या था, सब आग्रह करने लगे कि 'आप हिन्दी में बोलिए, आप हिन्दी में बोलिए।'

उसके बाद उन्होंने मीडिया-आच्छादित जीवन-शैली पर अच्छा व्याख्यान दिया।

लेकिन उनके बोलते वक्त कोई बीच में टोकता था या कोई बहस करता था तो वे तुरन्त गुस्से में आ जाते थे।

एक बार साहित्य अकादमी द्वारा फिल्म और टीवी मीडिया पर तीन दिनों के सेमिनार का आयोजन किया गया था। उसमें मनोहर श्याम जोशी को मीडिया के अर्थशास्त्र पर बोलने के लिए आमंत्रित किया गया था। अपना पर्चा पढ़ने से पहले उन्होंने मीडिया के अपने अनुभवों को लेकर बोलना शुरू किया। इस पर सामने बैठे मदन गोपाल सिंह ने टोक दिया। वे बहुत नाराज हो गए और ऐसे मौकों पर वे आम तौर पर निजी हो जाया करते थे।

इसी तरह महात्मा गांधी अन्तरराष्ट्रीय हिन्दी विश्वविद्यालय द्वारा नैनीताल में अध्यापकों के लिए पुनश्चर्या कार्यक्रम का आयोजन किया गया था। वहाँ जेएनयू के पूर्व विद्यार्थी अच्छी संख्या में मौजूद थे। उनके व्याख्यान के बाद जब वे उनसे सवाल-जवाब करने लगे तो वे काफी गुस्से में आ गए।

वे आम तौर पर बहस उसी के साथ करते थे जिसको वे इस लायक समझते थे और अधिकतर हिन्दी वाले उन्हें इस लायक नहीं लगते थे।

आम तौर पर हिन्दी में किताबों पर खूब कार्यक्रम होते थे, जिनमें वरिष्ठ लेखकों को बुलाया जाता और यह रिवाज था कि जिसको बुलाया जाएगा, वह किताब के बारे में, लेखक के बारे में अच्छा ही बोलेगा। इसी वजह से उस समय कोई विद्वान किसी अनाम कवि को मुक्तिबोध घोषित कर देता या किसी कवयित्री को मीरा, किसी को कबीर, लेकिन जोशी जी को बुलाने में खतरा यह रहता था कि वे सच बोलने लगते थे।

एक बार उनको अपने गृह नगर अल्मोड़ा में युवा कवि-कवयित्रियों के काव्यपाठ को सुनने और उनको पुरस्कृत करने के लिए बुलाया गया। कार्यक्रम के बाद उन्होंने कवियों को ऐसी झाड़ पिलाई कि आयोजक दाएँ-बाएँ देखने लगे। उन्होंने कहा कि हिन्दी में कोई भी कवि बन जाता है, जबकि कविता लेखन की सबसे मुश्किल विधा मानी जाती है। वे काफी देर तक विश्व कविता पर बोलते रहे और वहाँ मौजूद सभी कवियों को खारिज कर दिया।

इस कारण उन्हें कम ही लोग बुलाते थे। इससे भी बढ़कर वे बुलाने पर भी जाने के लिए कम ही तैयार होते थे।

वे दूसरों को लेकर ही नहीं, खुद को लेकर भी आलोचक मूड में रहते थे। जिस तरह से आम साहित्यकार बड़ी-बड़ी बातें करते हैं, वे उस तरह से बिलकुल बात नहीं करते थे।

एक प्रसंग याद आ रहा है। उनको साहित्य अकादेमी पुरस्कार देने की घोषणा हुई। उसी दिन समाचार से मुझे पता चल गया, लेकिन मैं उन दिनों सीतामढ़ी में अपने गाँव में था और मुझे उनको फोन करके बधाई देने में एकाध दिन का समय लग गया। मैंने फोन किया और उनको बधाई दी।

जवाब में अधिक खुश होने के बजाय उन्होंने स्थितप्रज्ञ भाव से कहा कि 'इसमें बधाई की क्या बात है? हर बार एक ज्यूरी बैठती है और अपनी पसन्द के किसी लेखक को पुरस्कार दे देती है। इस बार संयोग से ऐसी ज्यूरी थी जो मुझे पसन्द करती थी। हिन्दी में पुरस्कारों का यही हाल है।'

पुरस्कार मिलने पर ऐसा कौन कहता होगा?

यह अजीब विडम्बना है कि मनोहर श्याम जोशी का नाम आते ही 'कसप' या 'कुरु-कुरु स्वाहा...' उपन्यासों का ध्यान आता है लेकिन उनको पुरस्कार 'क्याप' उपन्यास पर दिया गया, जो उनके जीवनकाल में प्रकाशित होनेवाला आखिरी उपन्यास था और निश्चित ही उनका सर्वश्रेष्ठ उपन्यास नहीं था। हालाँकि उनके उस उपन्यास का ब्लर्व जाने-माने विद्वान और उस समय जेएनयू में प्रोफेसर पुरुषोत्तम अग्रवाल ने लिखा था और उनको अपने उपन्यास से अधिक इस बात की खुशी थी कि उनके उपन्यास का ब्लर्व हिन्दी के एक बड़े मार्क्सवादी विद्वान ने लिखा। और पहली बार किसी मार्क्सवादी विद्वान ने उनकी तारीफ की थी, यह उनके लिए बड़ी राहत की बात थी।

उनकी जो बात मुझे सबसे अधिक प्रभावित करती थी, वह यह कि उन्होंने अपने लेखन के सम्मान से कभी समझौता नहीं किया। उनके लिखे धारावाहिक 'बुनियाद' में मास्टर हवेलीराम का किरदार था जो कलम से इंकलाब लाना चाहते थे। पर्दे पर वह भूमिका आलोकनाथ ने निभाई थी। वे अपने जीवन में भी अपने लेखन को लेकर बहुत अधिक आत्मविश्वास में रहते थे।

एक बार की बात है। हिन्दी के एक प्रतिष्ठित प्रकाशक ने मुझे टैक्सी दी और कहा कि आप जोशी जी के यहाँ चले जाइए और उनको फलाँ कार्यक्रम में लेकर आ जाइए।

जाहिर है, कार्यक्रम किसी ऐसे लेखक की किताब पर था जो लेखक कैसा था, यह तो पता नहीं लेकिन उसके पद के रसूख से आगे चलकर उस प्रकाशक को बहुत फायदा हो सकता था।

मैं गया और जोशी जी से सीधे कहा कि 'फलाँ प्रकाशन का कार्यक्रम है, आपको चलना है और मैं टैक्सी लेकर आया हूँ।'

उन्होंने मुझे घूरकर देखा और बोले, 'पहले जाओ, टैक्सी छोड़कर आओ। शाम में आए हो, बैठो, कुछ बातें करते हैं।'

मैंने मन-ही-मन सोचा कि यह अच्छा रहा, पहले तो खुद नहीं गए और अब मुझे भी नहीं जाने दे रहे, प्रकाशक तो मुझसे नाराज होगा न!

खैर, मेरी हिम्मत नहीं हुई उनकी बात काटने की। मैंने नीचे टैक्सी वाले को वापस जाने के लिए कहा और लौटकर उनके घर आ गया।

वे बहुत देर तक समझाते रहे, कहते रहे, 'हर काम आता है तुमको—अनुवाद, सम्पादन से लेकर प्रूफ पढ़ने तक। लिखते भी अच्छा हो। पी-एच.डी. की डिग्री है तुम्हारे पास। फिर प्रकाशकों के पीछे क्यों भागते हो ? आज उसने तुमको टैक्सी लेकर मेरे यहाँ भेजा, कल को कोई और काम करने के लिए कहेगा। क्या करोगे ? याद रखो, कितना भी अच्छा लिख लोगे, कितने भी बड़े प्रकाशक के यहाँ से किताब आ जाएगी लेकिन उससे कोई आय हो जाए, ऐसा नहीं है। हिन्दी लेखक को सम्मान से अधिक कुछ नहीं मिलता। इस तरह से करोगे तो वह भी जाता रहेगा।'

फिर उनको लगा कि शायद कुछ ज़्यादा हो गया, तो बोले, 'एक किस्सा सुनाता हूँ—जब मैं 'हमलोग' लिख रहा था तब की बात है। प्रोड्यूसर के साथ जनपथ होटल में मीटिंग थी। जब मीटिंग खत्म हुई तो प्रोड्यूसर ने टैक्सी वाले को बुलाया और मुझे घर छोड़ने के लिए कहा। उसने 150 रुपये किराया बताया। यह 1980 के दशक के आरम्भिक वर्षों की बात है। प्रोड्यूसर ने उसको 200 रुपये दिये और कहा कि साहब को छोड़ आओ और बाकी पैसे साहब को ही दे देना ? मुझे बहुत गुस्सा आया। मैंने उसी समय प्रोड्यूसर की अच्छी तरह खबर ली। तो समझे, सम्मान पाना चाहते हो तो सेठों से एक निश्चित दूरी बनाकर रखना चाहिए, नहीं तो पता नहीं, कौन सेठ कब तुमको टिप दे दे!'

सबसे मनहूस सुबह की याद

30 मार्च, 2006 की सुबह मुझे कभी नहीं भूलती। सुबह-सुबह एक फोन आया और...

मनोहर श्याम जोशी ज्योतिष विद्या में बहुत दिलचस्पी रखते थे। यकीन रखते थे, यह मैं नहीं कहूँगा क्योंकि वे बहुत कर्मठ इनसान थे। उनके जीवन में शायद ही कोई ऐसा दिन बीता हो जिस दिन वे पढ़ते-लिखते न हों, अनुशासित ढंग से काम न करते हों।

जब वे अपने बेटों के पास गर्मी की छुट्टियों में अमेरिका जाते थे तब भी वे घर के पास कोई पुस्तकालय तलाश लेते थे, और वहाँ नियमित रूप से बैठकर काम करते थे। आते तो बताते कि वहाँ के सामान्य पुस्तकालय भी इतने असामान्य होते हैं कि भारत में आप कल्पना भी नहीं कर सकते।

अगर उनकी लिखने-पढ़ने की दिनचर्या में किसी तरह की भी गड़बड़ी होती तो वे चिड़चिड़े हो जाते थे। आसपास के लोगों पर नाराज होने लगते थे। मिलने वालों को बुरा-भला कहने लगते थे। कई बार मुझे भी बुरा लगता था।

एक बार जब उन्होंने मेरे एक समकालीन लेखक-आलोचक को सिर्फ इसलिए बहुत बुरा-भला कहा क्योंकि वह उनको पहले से फोन करके समय लेकर नहीं आया था। उन्होंने मेरे उस समकालीन से यहाँ तक कह दिया कि तुम क्या समझते हो, मैं तुम्हारी तरह दो घंटे की मास्टरी करता हूँ?

मुझे बुरा लगा था क्योंकि तब तक मैं भी मास्टर हो चुका था। लेकिन अब जब मैं लेखक हूँ, वेबसाइट चलाता हूँ, अनुवाद करता हूँ, कॉलेज में पढ़ाता हूँ तो कोई अगर मुझसे भी बिना बताए मिलने आ जाता है तो परेशानी होती है और सारा शेड्यूल बिगड़ जाता है। तब मुझे यह समझ में आता है कि जोशी जी क्यों नाराज होते थे।

लेखन के लिए एकाग्रता चाहिए, निरन्तर समय चाहिए—इस बात को हमारा हिन्दी समाज समझ नहीं पाता। लेखक सबसे अधिक स्वतंत्रता की बात करते हैं लेकिन असल में हमारी भाषा के अधिकतर लेखक परतंत्र होते हैं। या तो सरकार की नौकरी करते हैं और सेठों की कार्यशैली की निन्दा करते हैं या सेठों की नौकरी करते हुए सरकार की कार्यशैली की निन्दा करते हैं। हिन्दी का लेखक स्वतंत्र कब होता है?

वे अक्सर एक बात कहते थे कि हमारा हिन्दी समाज लेखक को समझता नहीं है, उसको अपने समाज का हिस्सा नहीं मानता। या तो उसके लिए हिन्दी का लेखक अभावों में घिरा इनसान होता है या समाज लेखक को लम्पट मानता है। हिन्दी पट्टी का समाज यह चाहता है कि हिन्दी का लेखक एक साधारण आदमी की तरह दफ्तर में नौकरी करे, एक अच्छे पड़ोसी होने की मिसाल पेश करे और उसके बाद असाधारण लेखन भी करे।

वे एक किस्सा अक्सर सुनाया करते थे। एक बार उनके घर में अज्ञेय जी बैठे हुए थे कि उनके कोई रिश्तेदार उनसे मिलने के लिए आए। उन्होंने अज्ञेय को देखा तो उनसे पूछा कि ये कौन हैं? जवाब में जोशी जी ने कहा कि ये अज्ञेय जी हैं, हिन्दी के बहुत बड़े लेखक। उनके रिश्तेदार ने जवाब में पूछा—लेखक तो ठीक हैं लेकिन करते क्या हैं?

मैंने जोशी जी को लेखन के अलावा कुछ और करते हुए नहीं देखा। जब वे 'साप्ताहिक हिन्दुस्तान' में सम्पादक थे तब भी वे लिखने और लिखवाने के लिए जाने गए।

मुझे याद आता है कि प्रयाग शुक्ल ने 'बहुवचन' में अज्ञेय पर लिखे अपने संस्मरण में लिखा था कि उनको मनोहर श्याम जोशी ने कला-समीक्षा की दिशा में प्रेरित किया और इसके लिए उनको बाकायदा गाइड भी किया।

इसी तरह भूपेन्द्र कुमार स्नेही को सच्ची अपराध-कथाओं पर आधारित खोजपरक स्टोरीज लिखने के लिए प्रेरित किया और उस जमाने में वे 'साप्ताहिक हिन्दुस्तान' के स्टार लेखक बने।

इसी तरह, प्रसिद्ध फिल्म पत्रकार ब्रजेश्वर मदान को उन्होंने फिल्म पत्रकारिता में दीक्षा दी और बाद में मदान साहब हिन्दी के पहले फिल्म लेखक बने जिनको राष्ट्रीय पुरस्कार मिला।

जोशी जी ने नये-नये तरह के कई स्तम्भों की योजना बनाई और उसकी शुरुआत की। जैसे, एक जमाने में, 'साप्ताहिक हिन्दुस्तान' में 'शीही' के नाम से एक स्तम्भ बहुत लोकप्रिय हुआ, जिसे जोशी जी बालस्वरूप राही के साथ मिलकर लिखते थे। इसलिए जोशी के 'शी' और राही के 'ही' को लेकर उस स्तम्भ का नामकरण किया गया—'शीही'।

जब मैं हिन्दू कॉलेज में पढ़ता था तब मेरे अध्यापक थे हरीश नवल। वे एक किस्सा सुनाते थे। जिन दिनों वे विद्यार्थी थे तब वे तीन मित्र थे जो साहित्यिक आयोजनों में जाते थे, उनके ऊपर लिखना चाहते थे। वे सभी मनोहर श्याम जोशी से मिलने के लिए 'साप्ताहिक हिन्दुस्तान' के दफ़्तर गए।

जब उन्होंने अपनी योजना उनको बताई तो जोशी जी ने उन लोगों को साहित्यिक रिपोर्टिंग करने के लिए न केवल प्रेरित किया बल्कि उनके स्तम्भ का नामकरण भी कर दिया : 'मित्रत्रयी'!

लम्बे समय तक सम्पादक रहने के कारण और 'साप्ताहिक हिन्दुस्तान' के

ज्योतिषी अंक निकालने के कारण देश के अनेक बड़े-बड़े ज्योतिषियों से उनका अच्छा सम्पर्क था। वे खुद भी ज्योतिष विद्या में अच्छा दखल रखते थे। फिल्मी दुनिया में उनकी एक भविष्यवाणी उन दिनों बहुत सुनाई जाती थी कि सलीम-जावेद की जोड़ी टूटने के बाद एक बार जब जोशी जी सलीम खान से मिले तो उनका हाथ देखा और बोले कि आनेवाले सालों में आप अपने बेटों के कारण जाने जाएँगे, जबकि उस समय सलीम खान का कोई बेटा अभिनय नहीं करता था।

हालाँकि उनकी कई भविष्यवाणियाँ गलत साबित हुईं। जैसे उन्होंने सईद नकवी के बारे में भविष्यवाणी की थी कि यह आदमी एक दिन भारत का विदेश मंत्री बनेगा, जबकि सईद नकवी कभी राजनीति में ही नहीं गए।

खैर, मैं इन प्रसंगों को इसलिए याद कर रहा हूँ क्योंकि अपने आखिरी वर्षों में वे ज्योतिष-चर्चा अधिक करने लगे थे। उनकी देखादेखी और प्रभाव में मैंने भी ज्योतिष का ज्ञान होने का दावा करना शुरू कर दिया।

जब मैंने यह लिख दिया कि जोशी जी जब 'क' अक्षर से आरम्भ होनेवाला उपन्यास लिखते हैं तो वह अवश्य सफल होता है, तब से उनको थोड़ा-बहुत शक इस बात का हो गया कि हो न हो, मैं ज्योतिष ज्ञान में दक्ष हो गया हूँ।

मेरे ज्योतिष ज्ञान का सबसे त्रासद प्रसंग यह है कि जब उनको साहित्य अकादेमी पुरस्कार मिलने की घोषणा हुई, उसके कुछ दिन बाद मैं एक दिन उनके यहाँ बैठा हुआ था। अचानक मैंने उनको उनके भविष्य के बारे में बताना शुरू कर दिया। मैंने उनको बताया कि इस साल आपका बहुत नाम होगा, कुछ ऐसा होगा कि आपकी प्रसिद्धि और बढ़ जाएगी।

उन्होंने बड़ी गम्भीरता से मेरी भविष्यवाणी सुनी और अपनी पत्नी भगवती जोशी जी को बुलाकर यह बताया कि प्रभात कह रहा है कि इस साल मेरी प्रसिद्धि बहुत बढ़नेवाली है।

उस दिन उन्होंने मुझे चाकलेट भी खिलाई। संयोग से उसके कुछ माह बाद ही अचानक उनका देहान्त हो गया।

आखिरी वर्षों में एकाधिक बार उन्होंने इस बारे में भी चर्चा की थी। यह बहुत जरूरी होता है कि आपकी मृत्यु की टाइमिंग भी सही हो। नहीं तो बड़े-बड़े लोग मर जाते हैं और कोई चर्चा तक नहीं होती। वे जेपी का उदाहरण देते। कहते कि जेपी की मृत्यु अगर कुछ माह बाद हुई होती तो केन्द्र में कांग्रेस की सरकार आ गई होती और उनकी मौत एक अप्रासंगिक मौत होती।

इसी तरह अपने मित्र रघुवीर सहाय की मृत्यु के बारे में भी कहते थे कि संयोग से उसकी मृत्यु जब हुई, केन्द्र में सुबोधकान्त सहाय सूचना और प्रसारण मंत्री थे जो रघुवीर सहाय के मुरीद थे, इसलिए दूरदर्शन ने उनकी मृत्यु को अच्छा कवरेज दिया।

अपने जीवन के आखिरी कुछ महीनों में मृत्यु उनकी सोच पर छाई हुई थी। मुझे याद आया कि मारियो वार्गास योसा के उपन्यास 'आंट जूलिया एंड द स्क्रिप्ट राइटर' का अमर किरदार पेद्रो कोमाच रेडियो धारावाहिक लेखन के बाद के दिनों में अपने किरदारों के साथ बुरा बर्ताव करने लगा था। वे मरने लगे, गायब होने लगे। अन्तिम बरसों में उन्होंने कई ऐसी रचनाओं की रूपरेखा बनाई जिसमें मृत्यु है। एक उपन्यास 'गिनुआ' का जिक्र पहले आया है, जिसमें अमेरिका में एक सफल महिला मृत्युशैया पर लेटी अपने बचपन को याद कर रही है। जोशी जी की मृत्यु से करीब पाँच महीने पहले निर्मल वर्मा का देहान्त हो गया।

उन्हीं दिनों एक बार मैं उनके घर गया तो वे उस दिन निर्मल वर्मा के बारे में काफी बातें करते रहे। 1950 के दशक के उन वर्षों को याद करते रहे जब दोनों दिल्ली में लेखक के रूप में पहचान बनाने के लिए संघर्ष कर रहे थे। बताने लगे कि 'उसके साथ हिन्दी आलोचना ने बहुत अन्याय किया। उसके लेखन को विदेशी बताते रहे जबकि हिन्दी में शायद ऐसा कोई दूसरा लेखक नहीं है जो लेखन में अपने आत्म के इतने करीब गया। मन की कई सतहें होती हैं, निर्मल अपनी कहानियों में मन को सतह-दर-सतह छीलता है।' फिर कुछ रुककर बोले, 'वैसे उसकी कहानियों पर हेमिंग्वे का बहुत असर है, यह बात भी सच है।'

मेरे मुँह से निकल गया, 'कुछ भी हो' निर्मल जी की तरह भाषा लिख पाना असम्भव है। मैं तो उनकी तरह ही लिखना चाहता था लेकिन लिख नहीं पाया।'

जोशी जी अचानक चुप होकर मेरी तरफ देखने लगे और बोले, 'निर्मल पर सबसे पहली कविता मैंने ही लिखी थी : 'निर्मल के नाम'। वह भी तब जब निर्मल की खास पहचान नहीं बनी थी और वह अपने भाई रामकुमार के कारण जाना जाता था, जो तब एक अच्छे लेखक भी थे।'

उनको साँसों की तकलीफ हो गई थी जो देखने से उतनी बड़ी नहीं दिखती थी लेकिन वे बाहर निकलते तो मुँह पर मास्क लगाकर निकलते। लेकिन हम लोग उनकी बीमारी को गम्भीरता से नहीं लेते थे। उन्होंने हमें किसी भी चीज को अधिक गम्भीरता से नहीं लेना सिखाया था। बड़ी से बड़ी गम्भीर बातों को कॉमिकल अन्दाज में कहना सिखाया था। हम उनको मास्क लगाए देखते तो हँसने लगते, मजाक में कुछ बोल देते और वे कई बार बड़े नाराज हो जाते, दुखी हो जाते। हिन्दी का कोई लेखक मास्क लगाकर चलता ही नहीं था। हमें क्या पता था कि एक दिन यही बीमारी उनकी मृत्यु का कारण बनने वाली है!

एक दिन मैं उनके घर गया तो उन्होंने मुझे अपने तमाम अधूरे उपन्यासों के नाम लिखवाए। मैंने उनसे कहा भी कि 'जब मैं पी-एच.डी. कर रहा था तब आपने इनके नाम क्यों नहीं बताए?'

हँसते हुए बोले, 'पी-एच.डी. का काम कौन-सा गम्भीर काम होता है जो बताता! वह तो मुदर्रिस बनने की अर्हता भर होती है। मैं तो तुमको इसलिए बता रहा हूँ ताकि तुमको पता रहे। लोग तुमसे मेरे साहित्य के बारे में पूछते हैं। अब तो कोई मुझसे पूछता है तो मैं भी तुम्हारा नाम ले लेता हूँ।'

उस दिन उन्होंने मुझे एक बार फिर याद दिलाया कि 'नामवर जी ने 'आलोचना' के लिए तुमको मेरा इंटरव्यू करने के लिए कहा था, वह कब करोगे?'

फिर बताने लगे, 'आलोचना' पत्रिका का उनके लेखन कैरियर में बड़ा योगदान रहा है। उनके आरम्भिक दोनों उपन्यासों—'कुरु-कुरु स्वाहा...' तथा 'कसप'—की सबसे अच्छी समीक्षाएँ 'आलोचना' में ही प्रकाशित हुई थीं। इसलिए वे 'आलोचना' पत्रिका में अपने इंटरव्यू को लेकर बहुत उत्साहित थे।

लेकिन मैं उस इंटरव्यू को लेकर खास उत्साहित नहीं था। इसका एक कारण तो यह था कि कुछ दिन पहले ही आकाशवाणी के अभिलेखागार के लिए उनका करीब एक घंटे का इंटरव्यू मैंने रेकॉर्ड किया था जिसमें उन्होंने काफी विस्तार से और ईमानदारी से अपने जीवन, अपने लेखन के बारे में बताया था।

पहली बार इस बात को लेकर गहरा अफसोस व्यक्त किया था कि टेलीविजन धारावाहिक लेखन में जाने का उनका निर्णय उनके साहित्यकार रूप के लिए बेहद नुकसानदेह रहा। उनके पहले दोनों उपन्यासों की प्रकाशन के साथ ही अच्छी चर्चा हुई थी।

जिस समय उन्होंने 'हमलोग' लिखने का काम स्वीकार किया था, उस समय लेखन का वह प्रस्ताव मृणाल पांडे समेत कई लेखकों को दिया गया था लेकिन सभी ने मना कर दिया। उन्होंने स्वीकार कर लिया क्योंकि उनको इस नये माध्यम की समझ थी और वे इसके माध्यम से कुछ सार्थक काम करना चाहते थे।

उन्होंने स्वीकार किया कि इस कारण से वे आर्थिक रूप से समृद्ध हुए, शोहरत मिली। लेकिन इसी वजह से उनका साहित्यिक लेखन पीछे चला गया।

उस बातचीत के दौरान उन्होंने यह माना कि अब जब उनको लोग उनके लिखे टीवी धारावाहिकों के लेखक के रूप में याद करते हैं तो उनको खास अच्छा नहीं लगता।

उस दिन उन्होंने जब यह कहा तो मैं सन्न रह गया कि 'आनेवाले सालों में लोग मेरे लिखे साहित्य को भूल जाएँ जिनको लिखने के लिए मैंने सबसे अधिक श्रम किया।'

एक तरफ उनके अन्दर निराशा बढ़ती जा रही थी, दूसरी तरफ ऐसा लग रहा था, जैसे वे अपना दुनिया-धंधा समेटने की जल्दी में थे।

मुझे तब बहुत आश्चर्य हुआ जब मुझे यह पता चला कि उन्हीं दिनों उन्होंने महाराष्ट्र में रहनेवाली एक लड़की की काफी मदद की थी, जो उनके साहित्य के ऊपर शोध कर रही थी। उसके शोध प्रबन्ध के लिए उन्होंने एक लम्बा इंटरव्यू भी दिया।

वह इंटरव्यू उनकी मृत्यु के बाद प्रकाशित पुस्तक 'बातों-मुलाकातों में मनोहर श्याम जोशी' में प्रकाशित भी हुआ और जो उनके सबसे अच्छे साक्षात्कारों में एक है।

'नया ज्ञानोदय' पत्रिका के लिए उन्होंने प्रेम कुमार को भी एक लम्बा इंटरव्यू दिया।

उनको साहित्य अकादेमी पुरस्कार मिला था, तो उनके लेखन को लेकर दोबारा चर्चा भी शुरू हुई थी। उन्हीं दिनों सीपीएम ने हिन्दी प्रदेशों में अपने विस्तार को लेकर चर्चा के लिए एक बड़े सम्मेलन का आयोजन किया जिसमें अन्य वामपंथी लेखकों के साथ मनोहर श्याम जोशी को भी वक्ता के रूप में आमंत्रित किया गया था।

उनको जब भी वामपंथी आलोचकों-संगठनों की तरफ से स्वीकृति मिलती थी, वे बहुत खुश होते थे। कहते भी थे कि चाहे जितनी धाराएँ बहा ली जाएँ लेकिन हिन्दी की मुख्यधारा वामपंथी ही है। इससे सहमत हों या असहमत, केन्द्र में यही है।

लेकिन उनकी निराशा बढ़ती जा रही थी। एक तरह की जल्दबाजी लगती थी। वे अपने सभी अधूरे उपन्यासों को पूरा कर लेने की लगातार कोशिश कर रहे थे। इसीलिए कभी एक को लिखने लगते, कभी दूसरे को। ऐसा लग रहा था, जैसे वे कोई काम अधूरा छोड़कर नहीं जाना चाहते थे, जबकि हम यानी उनके आसपास के लोग ऐसा सोच भी नहीं पा रहे थे कि कुछ ऐसा होनेवाला था जो नहीं होना चाहिए था।

उनकी कई कहानियाँ जो 1950 के दशक में प्रकाशित हुई थीं और जिनकी प्रति उनके पास नहीं थी, उन पत्रिकाओं के अंकों की तलाश के लिए वे मुझे ही नहीं, अपने सभी मिलने-जुलने वालों से कह रहे थे। पत्र-पत्रिकाओं में प्रकाशित स्तंभों की फाइलें सहेज रहे थे।

उनकी मृत्यु से कुछ दिन पहले की बात है। उन्होंने अपने घर में होली मिलन की पार्टी रखी। उस पार्टी में ओम थानवी, उदय प्रकाश, विनोद भारद्वाज आदि अनेक लेखक आए थे। उससे पहले जोशी जी के घर पार्टी में ये लोग कभी आए हों, मुझे याद नहीं। मुझे तो यह भी याद नहीं कि इतने लेखकों को उन्होंने अपने घर पर खाने-पीने के लिए उससे पहले कभी बुलाया भी हो। बच्चों के शादी-ब्याह के मौकों को छोड़कर। लेकिन वे उस पार्टी के लिए अपने प्रकाशक अरुण महेश्वरी से पूछ-पूछ कर लेखकों को आमंत्रित कर रहे थे।

मैं उन दिनों किसी बात से उनसे दुखी चल रहा था और कई महीने से उनके घर नहीं गया था। जिस दिन पार्टी थी, उस दिन उनका फोन आया कि शाम में आ जाना। सब इंतजाम करना है।

मैंने कहा कि शायद आप भूल गए हैं कि अब मैं शाम के कॉलेज में पढ़ाने लगा हूँ इसलिए नहीं आ सकता।

उन्होंने कहा कि एक दिन कॉलेज छोड़ा भी जा सकता है। लेकिन मैंने इनकार कर दिया।

उसके बाद उन्होंने अरुण महेश्वरी को फोन किया कि आते समय कॉलेज से प्रभात को लेते आना। वह आने से मना कर रहा है। अरुण जी ने फोन किया तो मैंने उनको भी वही जवाब दिया।

देर शाम जोशी जी का फोन फिर आया कि अब भी आ जाओ। मैंने कहा कि मैं एक–दो दिन में आता हूँ। इस पर वह बोले, 'एक–दो दिन में आकर क्या करोगे ?'

तब मैं इस बात को समझ नहीं पाया। उस पार्टी के हफ्ते–भर बाद ही पता चला कि वे अस्पताल में भर्ती हो गए हैं—साँसों की तकलीफ के कारण। अस्पताल जाने–न जाने को लेकर मैं कुछ सोचता कि वह सुबह आ गई।

मैं सोया हुआ था कि मुझे पुण्य प्रसून वाजपेयी का फोन आया। मैंने नींद में ही फोन उठाया तो उधर से आवाज आई, 'तैयार होकर साकेत निकल जाइए। जोशी जी नहीं रहे।'

मैं अवाक् रह गया। मैं प्रसून जी को कोई जवाब भी नहीं दे पाया।

उन दिनों मुझे अक्सर दुःस्वप्न आते थे और मैं नींद से जग जाया करता था। मुझे कुछ देर के लिए लगा, जैसे वह भी कोई दुःस्वप्न था। लेकिन जीवन में हमें अक्सर सामने के सच को न चाहते हुए भी स्वीकार करना पड़ता है। जल्दी–जल्दी मुँह–हाथ धोया और साकेत के लिए निकल पड़ा।

रास्ते–भर यही सोचता रहा कि क्या उनको मृत्यु का पूर्वाभास हो गया था ? क्या उनको इसका आभास हो गया था कि मृत्यु उनके साथ–साथ परछाईं की तरह चल रही थी और वे चाहकर भी उससे पीछा नहीं छुड़ा सकते थे ?

एक बार उन्होंने बातचीत में कहा था, 'हमारे जीवन की सबसे बड़ी घटना मृत्यु है और कितने अफसोस की बात है कि हम उसे देख नहीं पाते, न उसके बारे में जान पाते हैं। लेकिन फिर भी हमें इस बात का डर बना रहता है कि पता नहीं, मृत्यु के बाद हमारा क्या होगा ? पता नहीं, मेरी मृत्यु पर लोग जुटेंगे या नहीं ? लोग श्रद्धांजलि देंगे या नहीं ?'

वहाँ पहुँचने पर पाया कि बहुत भीड़ थी। जाने–अनजाने न जाने कितने लोग जुटे हुए थे। जुटते जा रहे थे। टीवी चैनलों के ओबी वैन, रिपोर्टर, कैमरे मौजूद थे। हिन्दी टीवी मीडिया ने उस दिन दिन–भर जिस तरह से उनको श्रद्धांजलि दी, वैसी शायद ही किसी लेखक को दी होगी।

साकेत से निगमबोध घाट तक उनकी अन्तिम यात्रा में जाते हुए मुझे बार–बार ऐसा लग रहा था कि जोशी जी को कैसा लग रहा होगा ? वे अब नहीं थे लेकिन मुझे न जाने क्यों ऐसा लग रहा था कि इस बार सर ने कोई लम्बा मजाक कर दिया है।

मुझे याद आया, एक जमाने में वे आवाज बदल–बदलकर अपने समकालीन लेखकों को फोन किया करते थे। जब उन्होंने मुझे यह सुनाया तो मैंने भी दो लेखकों को आवाज बदलकर फोन किया। एक तो ब्रजेश्वर मदान थे जिनको मैंने लड़की

की आवाज में फोन किया। जब उनको पता चला तो वे बहुत खुश हुए और उन्होंने एक शाम मुझे अपनी ठर्रा पार्टी में आमंत्रित किया जिसमें खाने के लिए उबला हुआ गोश्त था।

दूसरे लेखक का मैं नाम भी लिखते हुए डर रहा हूँ क्योंकि वे इतने नाराज हुए कि मेरे ऊपर मुकदमा करने जा रहे थे। उनको शांत करवाने के लिए मुझे भारतीय ज्ञानपीठ के तत्कालीन निदेशक रवीद्र कालिया की मदद लेनी पड़ी।

मुझे उनकी बात याद आ रही थी। उन्होंने कुछ दिन पहले ही कहा था कि मरने की टाइमिंग सही होनी चाहिए। लेकिन क्या उनको मृत्यु का पूर्वाभास हो गया था?

जोशी जी की मृत्यु के कुछ दिन बाद 'आजतक' चैनल पर 'धर्म' नामक कार्यक्रम में देश के प्रसिद्ध ज्योतिषी के.एन. राव उनकी मृत्यु के समय की दशा के बारे में बोल रहे थे। उन्होंने कहा कि शनि के नीच भंग के कारण मनोहर श्याम जोशी का अकस्मात् देहान्त हुआ। जोशी जी ज्योतिष विद्या के बड़े ज्ञाता थे। इस बात पर विश्वास कर पाना मुश्किल है कि उनको अपनी मृत्यु का पूर्वाभास न रहा हो!

मुझे फोन पर उनकी आखिरी बात याद आ रही थी : 'कुछ दिन बाद आकर क्या करोगे?'

मैं देख रहा था, निगमबोध घाट पर अपार भीड़ उमड़ी हुई थी। जो लेखक कभी अपने काम के दबाव के कारण सामाजिक नहीं हो पाया, उसको समाज इतना प्यार करता था।

एक बार उन्होंने कहा था कि लेखक को अपना लेखन ईमानदारी से करना चाहिए। लिखने से अधिक पीआर करनेवाले लोग कहीं के नहीं रहते। वे प्रेमचन्द का उदाहरण देते थे। कहते कि उनके पास सामाजिकता निभाने का समय ही नहीं होता था लेकिन हिन्दी समाज ने उनको देवता की तरह मान दिया।

आज एक बात ईमानदारी से बताऊँ—उनके जीते-जी मैंने अपने लेखन को कभी गम्भीरता से नहीं लिया था, लेकिन उस दिन मुझे बार-बार उनकी बात याद आ रही थी : 'तुमको सब मेरे शिष्य के रूप में जानते हैं लेकिन जब लिखोगे ही नहीं तो शिष्य नहीं, चेले कहलाओगे। सोच लो, क्या कहलाना चाहते हो?'

उस रात आईबीएन-7 चैनल ने मुझे उनके बारे में बोलने के लिए लाइव शो में बुलाया। जब एंकर ने मुझसे पूछा कि आपको जोशी जी का कौन-सा किरदार आज याद आ रहा है?

मैंने छूटते ही कहा, 'मास्टर हवेलीराम, जो कलम से इंकलाब लाना चाहता था!'

✿✿✿